WHAT'S ON

Aprenda Inglês com Filmes e Séries

CB129212

Dados Internacionais de Catalogação na Publicação (CIP)
(Jeane Passos Santana - CRB 8ª/6189)

Acunzo, Cristina Mayer
What's on: aprenda inglês com filmes e séries / Cristina Mayer Acunzo, Denise Delegá-Lucio, Marcia Veirano Pinto, Renata Condi de Souza. – São Paulo : Editora Senac São Paulo; WMF Martins Fontes, 2014.

Apêndices.
ISBN 978-85-396-0832-4
ISBN 978-85-7827-879-3

1. Inglês (estudo e ensino) I. Delegá-Lucio, Denise. II. Pinto, Marcia Veirano. III. Souza, Renata Condi de. IV. Título.

14-276s CDD – 420.7
BISAC LAN020000
FOR000000

Índice para catálogo sistemático:
1. Inglês (estudo e ensino) 420.7

WHAT'S ON

Aprenda Inglês com Filmes e Séries

Cristina Mayer Acunzo
Denise Delegá-Lucio
Marcia Veirano Pinto
Renata Condi de Souza

Senac
wmf martinsfontes

ADMINISTRAÇÃO REGIONAL DO SENAC NO ESTADO DE SÃO PAULO
Presidente do Conselho Regional: Abram Szajman
Diretor do Departamento Regional: Luiz Francisco de A. Salgado
Superintendente Universitário e de Desenvolvimento: Luiz Carlos Dourado

EDITORA SENAC SÃO PAULO
Conselho Editorial: Luiz Francisco de A. Salgado
Luiz Carlos Dourado
Darcio Sayad Maia
Lucila Mara Sbrana Sciotti
Jeane Passos Santana

Gerente/Publisher: Jeane Passos Santana (jpassos@sp.senac.br)
Coordenação Editorial: Márcia Cavalheiro Rodrigues de Almeida (mcavalhe@sp.senac.br)
Comercial: Marcelo Nogueira da Silva (marcelo.nsilva@sp.senac.br)
Administrativo: Luís Américo Tousi Botelho (luis.tbotelho@sp.senac.br)

Edição de texto: Juliana Muscovick
Preparação de texto: Rosa Kushnir
Revisão de texto: Luiza Elena Luchini (coord.), Marcela M. S. M. Dias, Sandra Brazil
Projeto gráfico e diagramação: A+ comunicação
Revisão instrucional: Marcello Araujo
Impressão e acabamento: Intergraf Indústria Gráfica Eireli

Proibida a reprodução sem autorização expressa.
Todos os direitos reservados a
EDITORA SENAC SÃO PAULO
Rua Rui Barbosa, 377 – 1º andar – Bela Vista – CEP 01326-010
Caixa Postal 1120 – CEP 01032-970 – São Paulo – SP
Tel. (11) 2187-4450 – Fax (11) 2187-4486
E-mail: editora@sp.senac.br
Home page: http://www.editorasenacsp.com.br

EDITORA WMF MARTINS FONTES LTDA.
Rua Prof. Laerte Ramos de Carvalhho, 133
CEP 01325-030 – São Paulo – SP
Tel. (11) 3293-8150 – Fax (11) 3101-1042
E-mail: info@wmfmartinsfontes.com.br
Home page: http://www.wmfmartinsfontes.com.br

© Editora Senac São Paulo / Editora WMF Martins Fontes Ltda., 2014

Sumário

Nota dos editores

O ensino de inglês como língua estrangeira tem como objetivo o desenvolvimento das competências básicas para o domínio da língua, ou seja, *reading*, *speaking*, *writing* e *listening*. Fazer a leitura de materiais em inglês é um excelente exercício para se habituar com os tipos de construção frasal e o vocabulário. É uma forma de praticar o *reading*. Isso também vale para quem deseja aprimorar o *speaking*, conversando com os colegas somente em inglês, ou treinar o *writing*, escrevendo textos de diferentes gêneros nessa língua. Assistir a filmes, séries de televisão e *sitcoms* é uma maneira de exercitar o *listening*, que demanda ouvir e, ao mesmo tempo, entender o que se ouve.

Nesta coedição do Senac São Paulo e da Editora WMF Martins Fontes, são apresentados recursos para que essas competências sejam desenvolvidas, de um modo divertido e espontâneo. *What's on: aprenda inglês com filmes e séries* é uma obra produzida por docentes especializadas na área, a ser utilizada no contexto de sala de aula ou como material de apoio para o professor e também para os alunos que queiram estudar em casa. São mais de 330 trechos de filmes e de séries de TV que servirão de suporte para o estudante se familiarizar com o inglês do cotidiano e as expressões mais utilizadas.

Este livro divide-se em três partes. As duas primeiras são sobre funções comunicativas e estruturas gramaticais do inglês, exemplificadas com as expressões que aparecem nos filmes e nas séries e complementadas com atividades. O capítulo 3, "Atividades com filmes e séries de TV na íntegra", utiliza as séries *Big Bang: a teoria* e *Friends*, além dos filmes *Madagascar* e *Meu malvado favorito*. O apêndice "Guia de filmes e séries" apresenta a sinopse dos filmes e das séries e as referências das temporadas e dos trechos utilizados nos exemplos e nas atividades.

Introdução

Cinema, TV e linguística de *corpus* na aprendizagem de língua inglesa

Este livro visa a complementar os materiais didáticos existentes no mercado salientando, nas atividades práticas propostas, a influência do contexto social, situacional e do(s) falante(s) nas escolhas linguísticas que fazemos quando nos comunicamos. Para atingir este objetivo, selecionamos funções comunicativas, estruturas gramaticais e expressões e mostramos como elas aparecem nos filmes. As atividades sempre procuram enfatizar a relação existente entre a linguagem e as atividades sociais nas quais ela é usada.

O livro divide-se em três partes:

- funções de linguagem;
- gramática;
- atividades com filmes e séries de TV na íntegra.

A experiência de mais de quinze anos das autoras como professoras de inglês, seja em institutos de idiomas, escolas regulares e/ou aulas particulares, e sua formação como linguistas de *corpus* levaram à elaboração deste material, que trata da linguagem dos filmes e das séries de TV de modo produtivo, descontraído e de fácil utilização tanto na sala de aula quanto em casa.

O livro foi criado em especial para os professores de inglês como língua estrangeira que têm pouco tempo para preparar suas aulas, mas buscam enriquecer o material didático, ensinando não só os aspectos semântico-sintáticos da língua inglesa, mas também seus aspectos pragmáticos e discursivos. Entretanto, ele também pode ser utilizado por alunos de inglês que queiram estudar em casa, mas estão cansados dos livros de gramática, de verbos frasais e de expressões idiomáticas que encontram nas bibliotecas de suas escolas e em livrarias.

Nossa visão de linguagem

Linguística é uma palavra que muitas vezes assusta e repele o professor de línguas porque, normalmente, quando pensa nela, imagina uma matéria árida, repleta de nomenclaturas e estruturas semânticas complicadas. Nós, linguistas de *corpus*, temos pouca ou quase nenhuma relação com essa imagem, pois nossa unidade de estudo é a língua em uso, a linguagem que encontramos a todo o momento nas ruas, na internet, na televisão, nos jornais, em revistas e em todos os meios de comunicação que fazem parte de nosso dia a dia. Para nós, o que importa é quais palavras andam juntas, não as palavras isoladas. A essas palavras que andam juntas, chamamos de padrões, por exemplo: *would you like to*, *can I have*, *call in sick* e *make sense*. Na linguística de *corpus*, há a preocupação com a naturalidade da linguagem, aqui representada por um *corpus* de 335 roteiros de filmes e seis séries de televisão[1]. Neste livro, escolhemos apresentar os padrões que ocorreram muitas vezes em nosso *corpus* de roteiros de filmes e séries de TV. Dessa forma, salientamos não o que é possível na língua, mas sim o que é provável que ocorra em determinadas situações comunicativas e atividades sociais.

Como usar o livro

Os tópicos não estão em ordem de dificuldade e não precisam ser trabalhados ou estudados na ordem em que aparecem. O conteúdo pode ser encontrado de duas formas: pelo sumário ou pelo Apêndice, que indica todos os filmes que contêm os diálogos apresentados no livro. Por exemplo, se você quiser aprender sobre a linguagem usada para cumprimentar pessoas, deve ir ao sumário e localizar o tópico *2.5*. Se quiser usar determinado filme, vá ao Apêndice, no qual há a lista dos filmes e trechos usados nos exemplos e atividades práticas.

---

1 O apêndice "Guia de filmes e séries" traz a lista dos filmes, das séries de TV e suas respectivas temporadas, que foram selecionados em nosso *corpus* na elaboração do livro.

Sabemos que o dia a dia é atribulado, por isso, o "Guia de filmes e séries" é bastante prático. Após cada exemplo ou diálogo, você encontra o filme ou a temporada e o episódio dos seriados. Por exemplo, no Capítulo 1, no subtítulo *4. Convidar, aceitar e recusar convites*, o exemplo A.1 traz:

1. ***Julie:*** Hey, listen, **would you like** to go to a movie sometime or something?
(Série: *Friends 2.02*)

A informação entre parênteses indica o filme ou a série de TV. Nosso exemplo, portanto, indica que o diálogo foi retirado do seriado *Friends*, 2ª temporada, episódio 2. Para encontrar o trecho exato desse diálogo, basta ir ao "Guia de filmes e séries", no qual você encontrará a sinopse do episódio e o tempo. O número 1 indica o capítulo em que a frase se localiza (Capítulo 1), e o número 4, o subtópico ao qual está relacionada (*Convidar, aceitar e recusar convites*), veja o exemplo a seguir:

Friends *(Friends)*
Julie convida Monica para fazer compras e Rachel, sentindo-se traída, tenta ser simpática com Julie.

Temporada/episódio: *2.02*
Primeira exibição na TV: *28/09/1995*
Capítulo(s) em que foi utilizado: *1.4*
Tempos (capítulos): *00:21:36 (1.4)*

As atividades práticas foram cuidadosamente elaboradas para representar alguns aspectos da língua em uso, presentes nos filmes e nas séries de TV. Nosso objetivo é ajudá-lo(a) a perceber que a linguagem utilizada no cotidiano forma padrões e que, ao usá-los, podemos nos comunicar de modo mais natural.
Bom proveito!

Capítulo 1

Funções de linguagem

As funções de linguagem expressam a intenção de quem fala e variam de acordo com a situação na qual os falantes se encontram.

1. Ajudar pessoas a se expressarem

trying to say / mean / go on

Exemplos

A ***trying to say; mean***

Quando uma pessoa quer ajudar alguém a se expressar, ela pode fazer isso parafraseando o que foi dito e procurando sinalizar para o interlocutor o que está fazendo por meio dos verbos ***trying to say*** e ***mean***.

1. *Link:* Where's the gigantic jar of pickles?
Dr. Cockroach: **What** my associate **is trying to say is** that we all think the new Susan is the cat's me-wow.
Susan: I'm sorry. Thank you, guys. That is so sweet.
(Filme: *Monstros vs. alienígenas*)

2. *Reed:* Ben Grimm is a genuine American hero, please.
Johnny: **What** he **means is**: every team needs a mascot...
(Filme: *Quarteto fantástico*)

3. *Mayor:* What do you mean, biblical?
Ray: **What** he **means is** Old Testament biblical, Mr. Mayor. Real wrath-of-God-type stuff. Fire and brimstone coming from the sky!
(Filme: *Os caça-fantasmas*)

B ***go on***

Já quando o interlocutor quer encorajar o outro a continuar o que estava dizendo, ele usa ***go on***.

1.

Cecile: In what circumstances?

Marq Isabelle: It's not my place to tell you this, my dear... if I hadn't become so fond of you...

Cecile: **Go on**, please.

Marq Isabelle: Your marriage has been arranged.

(Filme: *Ligações perigosas*)

2.

Sam: Other girls wanted a Barbie. I wanted a Doppler Weather Radar 2000 Turbo. But all the kids used to taunt me with this lame song. It wasn't even clever. Four-eyes, four-eyes. You need glasses to see.

Flint: **Go on**.

Sam: So I got a new look...

(Filme: *Tá chovendo hambúrguer*)

3.

Maggot: Oh, please, please, let me tell her.

Elder: It requires the greatest sacrifice.

Maggot: **Go on**, get to the good part.

(Filme: *A noiva cadáver*)

Atividades

1. Escreva (*1*) ou (*2*) ao lado dos padrões a seguir para indicar a situação em que eles são usados.

(**1**) *Esclarecer a informação dada.* (**2**) *Encorajar alguém a se expressar.*

a. (   ) *What* + sujeito + *to be* + *trying to say* + *is*

b. (   ) *What* + sujeito + *to mean* + *is*

c. (   ) *Go on*

2. **Marque (X) nas frases em que os padrões em negrito são usados para encorajar alguém a se expressar.**

a. ( ) ***Brennan:*** What... what is this? What... what's happening?
Nancy: What Robert **is trying to say is** that we are getting a divorce.
Brennan: Don't do this.
Dale: No. No!
(Filme: *Quase irmãos*)

b. ( ) ***Slughorn:*** Is something on your mind, Tom?
Tom: Yes, Sir. See, I couldn't think of anyone else to go to. The other professors... well, they might misunderstand.
Slughorn: **Go on.**
(Filme: *Harry Potter e o enigma do príncipe*)

c. ( ) ***Dr. Tullen:*** Well, **go on**, Caitlin, ask a question. **Go on**. **Go on**.
Caitlin: No.
Dr. Tullen: Will my daughter ever stop sulking?
Caitlin: Will my parents ever stop fighting?
(Filme: *Falando grego*)

3. **Sublinhe os padrões utilizados para identificar quando um dos interlocutores ajuda o outro a expressar suas ideias.**

Lorelai: Yeah. It just needs a sprucing up. Like a coat of paint.
Luke: I don't spruce.
Lorelai: What do you mean you don't spruce?
Taylor: What he said is he doesn't spruce, that's what he means.
(Série: *Tal mãe, tal filha 1.14*)

4. **Observe novamente, na atividade 3, a conversa entre Lorelai, Luke e Taylor, e escreva, ao lado das funções a seguir, os padrões usados para expressá-las.**

a. Sugerir: ______________________________

b. Negar: ______________________________

c. Pedir uma explicação: ______________________________

d. Esclarecer: ______________________________

2. Alertar

look out / watch out / be careful / be alert / be on guard / beware / heads up / keep an eye on / keep an eye out / watch your step / pay attention

Exemplos

A *look out; watch out*

Para alertar, frequentemente recorre-se aos *phrasal verbs*, isto é, a combinações de verbos + advérbios ou preposições. Nesses casos, o uso parece estar relacionado a ações emergenciais.

1. ***Thug:*** **Look out** for the car!

   (Filme: *De volta para o futuro*)

2. ***A man:*** **Look out** behind you! On your right!

   (Filme: *Da magia à sedução*)

3. ***Manny:*** **Watch out**!
   Diego: Stop waving that thing around.

   (Filme: *A Era do Gelo*)

4. ***Scientist:*** Get back! Stay back! **Watch out**! **Watch out**! Oh, wow! It's the tunnel.

   (Filme: *Linha do tempo*)

B *be careful; be alert; be on guard*

Em casos de alerta na forma de conselho, é comum o uso de expressões formadas por padrões com o verbo *to be*.

1. ***Mary Poppins:*** Please, **be careful**. You never know what may happen around a fireplace.

   (Filme: *Mary Poppins*)

2. ***Wendy:*** Oh, Michael, do **be careful**.

   (Filme: *As aventuras de Peter Pan*)

3. ***Tom Sawyer:*** What about Skinner?
   Dorian Gray: I'd **be alert** for his treachery.

   (Filme: *A liga extraordinária*)

4. *European man:* I beg you, monsieur. Watch yourself. **Be on guard**. This place is full of vultures, vultures everywhere.

(Filme: *Casablanca*)

C *beware; heads up; keep an eye on; keep an eye out; pay attention; watch your step*

Outros padrões podem ser utilizados para alertar.

1. *Voice:* **Beware** who enters the Monster Hive.

(Filme: *Scooby-Doo 2: monstros à solta*)

2. *Ubertino da Casale:* **Beware** of this place.

(Filme: *O nome da rosa*)

3. *Hamm:* Hey, **heads up** everybody. It's showtime!

(Filme: *Toy story*)

4. *Percy Weasley:* Oh, and **keep an eye on** the staircases, they like to change.

(Filme: *Harry Potter e a pedra filosofal*)

5. *Leroy:* You stay down here, and you **keep an eye out**. You think you can do that?

(Filme: *As criaturas atrás das paredes*)

6. *Oogie Boogie's song:* There's trouble close at hand.
You'd better **pay attention** now.

(Filme: *O estranho mundo de Jack*)

7. *Stamp:* Whatever you're about in the future, **watch your step**. Never know who you might run into.

(Filme: *Missão impossível 2*)

Atividades

1. Complete os diálogos a seguir com um dos padrões apresentados nos exemplos. A primeira letra é para ajudar na resposta.

a. *Ben:* Careful. W__________ y__________ s__________. Come here.

(Filme: *A lenda do tesouro perdido*)

b. *Stryker:* You're a dangerous man. We like to k__________ a__________ e__________ on dangerous men.

(Filme: *X-men origens: Wolverine*)

c. ***Scar:*** I know that your powers of retention are as wet as a warthog's backside. But thick as you are, p__________ a__________.

(Filme: *O rei leão*)

d. ***Tony:*** I'm sorry I didn't give you a h__________ u__________, okay? But if I had...

(Filme: *O homem de ferro*)

e. ***Mr. Ages:*** B__________, boy. He's dangerous.

(Filme: *A ratinha valente*)

f. ***Buzz Lightyear:*** Ah, ah, ah, ah! Please, b__________ c__________! You don't want to be in the way when my laser goes off.

(Filme: *Toy story*)

2. O trecho a seguir contém mais uma maneira de alertar alguém sobre algo perigoso. Sublinhe o padrão que desempenha essa função.

Hennessy: Hello, Hammond.
Hammond: What's wrong? You look worried.
Henness: You'd better keep on your toes. Something funny's going on.

(Filme: *Pacto sinistro*)

3. Apresentar pessoas

introduce / this is / I am (I'm)

Exemplos

A *introduce*

Ao apresentar pessoas, é comum utilizar o padrão *introduce* + pronome (*him / her / them / myself*) / nome ou *introduce* + pronome possessivo + substantivo + nome.

1. ***Edward:*** Hello. I'm sorry, I didn't get a chance to **introduce myself** last week. I'm Edward Cullen. You're Bella?

(Filme: *Crepúsculo*)

2. ***Fredrick:*** Emmanuelle Mimieux, I'd like to **introduce you** to the minister of propaganda, the leader of the entire German film industry. And now I'm an actor, my boss, Joseph Goebbels.

(Filme: *Bastardos inglórios*)

3. *Jamie:* Mr. Walter, may I **introduce Likola**?
Walter: Welcome Likola.
Jamie: And Toko.
Walter: Welcome Toko. Welcome!

(Filme: *O elo perdido*)

4. *Lockheart:* Let me **introduce my assistant** professor Snape. He has sportingly agreed to help me with a short demonstration.

(Filme: *Harry Potter e a câmara secreta*)

B *this is*

Outro padrão frequentemente utilizado é *this is* + nome ou *this is* + pronome possessivo + substantivo + nome.

1. *Sam:* Jess, hey. Dean, **this is my girlfriend Jessica**.
Jess: Wait, your brother Dean?

(Série: *Sobrenatural 1.01*)

2. *Chandler:* Erm, **this is Monica**. **This is my boss**, Doug. Doug **this is Monica**.
Monica: Hi, nice to meet you!
Doug: Hi! And **this is my wife Kara**.
Kara: Nice to meet you, Monica. Bing!

(Série: *Friends 5.12*)

3. *Kevin:* Mary Ann, **this is** Pam Garrety.
Mary Ann: Nice to meet you.
Pam: Nice to meet you.

(Filme: *O advogado do diabo*)

C *I am; I'm*

Quando quiser apresentar a si mesmo, o mais comum é o padrão *I'm* + nome próprio.

1. *Georgia:* Group B, hello, **I'm Georgia**. Welcome to Greece. I'm your tour guide.
Irv: **I'm Irv Giddeon**, and I've come here to see as many ancient ruins as possible.

(Filme: *Falando grego*)

2. *Nina:* Oh, hello. Hi.
Brian: Hello, **I'm Brian MacKenzie**.
Nina: Good. **I'm Nina Banks**.
Brian: Yes. Yes, I recognize you from your picture.

(Filme: *O pai da noiva*)

Atividades

1. **Coloque (*F*) ao lado do número correspondente às falas formais e (*I*) ao lado do número correspondente às falas informais, apresentadas nos exemplos das seções A, B e C.**

A	*B*	*C*
1. ( ) 2. ( ) 3. ( ) 4. ( )	1. ( ) 2. ( ) 3. ( )	1. ( ) 2. ( )

2. **A partir dos exemplos da seção A, responda:**

a. Quais são os verbos ou expressões verbais que antecedem o verbo *introduce*?

____

____

b. Quais são as palavras que aparecem imediatamente após *introduce*?

____

c. As palavras que antecedem *introduce* têm alguma característica em comum?

____

d. E as palavras que aparecem imediatamente após *introduce*?

____

____

____

3. **Observe os exemplos dos diálogos das seções e responda:**

a. Além de dizer nosso nome ou o nome de quem estamos apresentando, que outro tipo de informação pode-se dar ao interlocutor?

____

____

____

b. Qual é a vantagem de dar mais informações além do nome?

____

____

____

4. **Organize a fala (a) e os diálogos (b e c) a seguir.**

a. sorry / didn't / Hello / last week / I'm / get a chance / introduce / Edward Cullen / You're / I / to / myself / I'm / Bella?

(Filme: *Crepúsculo*)

___

___

___

b. Soph, / my daughter Sophie. / thank you. / my friend Amanda. / How do / this is / Hi. / I'm fine, / Amanda, / How / this is / you do?/ Very well, / are you?/ thank you.

(Filme: *O amor não tira férias*)

___

___

___

c. Andie Anderson. / Hi. / I meant / Hi. / Benjamin Barry. / Cute. / your name. / Thank you. / two times. / Thank you

(Filme: *Como perder um homem em 10 dias*)

___

___

___

4. Convidar, aceitar e recusar convites

Would you like to / Do you want to / I'd love to / I was wondering if / what do you say / care to join / maybe we could / That'd be great / I'd love that, but / I would like that

Exemplos

A ***would you like to; do you want to***

Alguns dos padrões utilizados para convidar alguém para sair são *would you like to?* e *do you want to?*

1. *Julie:* Hey, listen, **would you like** to go to a movie sometime or something?

(Série: *Friends 2.02*)

2. ***Leonard:*** Hey, **do you want to** hang out with us?

(Série: *Big bang: a teoria 2.06*)

B *I'd love to; I was wondering if…*

Observe outros padrões frequentemente usados para convidar, aceitar e recusar convites nos exemplos a seguir.

1. ***Bill:*** **I'd love to** buy you dinner sometime if you're still game.
   Gigi: Yes. Sure. Why not?

   (Filme: *Ele não está tão a fim de você*)

2. ***Harry:*** Erm, **I was** just **wondering if** maybe you wanted to go to the ball with me…

   (Filme: *Harry Potter e o cálice de fogo*)

3. ***Joey:*** Hey, Annabelle, erm listen, **I was wondering if** maybe after work you and I could go maybe grab a cup of coffee.
   Annabelle: Oh, actually I sort of have plans.

   (Série: *Friends 2.02*)

C *what do you say; care to join; maybe we could*

Outros padrões comuns para fazer convites são *what do you say*, *care to join* e *maybe we could*.

1. ***Rachel:*** Mmm, **what do you say** we go share some food?

   (Série: *Friends 6.23*)

2. ***Josh:*** So, **what do you say** we go find… a more romantic spot?

   (Filme: *O diário da princesa*)

3. ***Hermione:*** Viktor's gone to get drinks. Would you **care to join** us?

   (Filme: *Harry Potter e o cálice de fogo*)

4. ***Skylar:*** **Maybe we could** go out for coffee sometime?
   Will: Yeah, or **maybe we could** go somewhere and just eat a bunch of caramels.

   (Filme: *Gênio indomável*)

D *that'd be great; I'd love that, but; I would like that*

Os padrões *that'd be great*, *I'd love that, but* e *I would like that* também são comumente utilizados para aceitar e recusar convites.

1. ***Polly:*** I'm just calling to say that erm I'm free tomorrow night if you want to get together.

Ruben: Yeah, I would love to get together. **That'd be great.**

(Filme: *Quero ficar com Polly*)

2. ***Julie:*** Thanks. Hey, listen, would you like to go to a movie sometime or something?

Rachel: Yeah, **that'd be great**. I'd love it.

(Série: *Friends 2.02*)

3. ***Louis:*** Well now, well, hang on now... Do you maybe wanna... no, no... do you wanna have something to eat with me?

Janine: Well, yeah, **I'd love that, but** I... I... I told Dr. Venkman I'd baby-sit for him. Do you want to baby-sit with me?

(Filme: *Os caça-fantasmas 2*)

4. ***Howard:*** We just wanted to invite you out to dinner tonight.

Leonard: Celebrate your thirty under thirty thing. Right Sheldon?

Raj: It's very nice of you, **I would like that.**

(Série: *Big bang: a teoria 2.04*)

Atividades

1. Com base nos exemplos dos padrões anteriores, escreva (*D*) nos convites que considerar diretos e (*ND*) nos não diretos. Justifique os casos que você assinalar com (*ND*).

a.	**b.**	**c.**	**d.**
1 ( )	1 ( )	1 ( )	1 ( )
2 ( )	2 ( )	2 ( )	2 ( )
	3 ( )	3 ( )	3 ( )
		4 ( )	4 ( )

____

____

____

____

____

____

2. **Escreva (*D*) nos convites que você considerar diretos, (*ND*) nos não diretos e (*N*) nos neutros.**

a. ( ) ***Mort:*** Hey, you know, I was kind of wondering if sometime you might possibly be interested…

(Filme: *A janela secreta*)

b. ( ) ***Sara:*** Yeah, there's a great seafood restaurant I'd love to take you to.

(Filme: *Hitch: o conselheiro amoroso*)

c. ( ) ***Ross:*** … but erm would you maybe wanna grab a cup of coffee sometime?

(Série: *Friends 5.17*)

d. ( ) ***College boy:*** I was thinking maybe we could go out sometime.

(Filme: *Legalmente loira*)

e. ( ) ***Ross:*** … but do you think it would be okay if I asked you out? Sometime? Maybe?

(Série: *Friends 4.21*)

f. ( ) ***Jonathan:*** Do you wanna go to prom with me?

(Série: *Buffy: a caça-vampiros 3.20*)

g. ( ) ***Jasper:*** … when you get back to London maybe we could sneak off somewhere together.

(Filme: *O amor não tira férias*)

3. **Sublinhe os padrões que você considera não diretos utilizados nos convites da atividade anterior.**

4. **Assista à cena do filme ou leia o trecho a seguir e assinale as afirmações com verdadeiro (*V*) ou falso (*F*) antes de responder a duas questões.**

Kathleen: Well. I keep on bumping into you. I hope your mango's ripe.

Joe: I think it is. Hey, do you wanna bump into me on… say… Saturday around lunchtime?

Kathleen: Yeah.

Joe: Over there?

Kathleen: Yeah.

Joe: Good.

Joe: (escrevendo) How about meeting Saturday? 4 o'clock. There's a place in Riverside Park at 91st Street where the path curves and there's a garden. Brinkley and I will be waiting.

(Filme: *Mensagem para você*)

a. ( ) Os convites são formais.

b. ( ) Os convites são informais.

c. ( ) Os convites são diretos.

- Ao convidar, o personagem tem certeza de que os convites serão aceitos?

____

____

____

- No primeiro convite do trecho acima, qual é o verbo que está sendo utilizado no sentido figurado?

____

____

____

5. Relacione os convites da coluna à esquerda com as respostas da coluna à direita.

a. And erm then, if you like, we can get some lunch.

b. There's a game on Tuesday, do you wanna go?

c. How would you like to sit in a chair that fully reclines, has a rolling massage, and speakers in the head rest?

d. We must go the opera again sometime.

e. And I would like to go out with you again. But this time, I will go as myself.

( ) Yeah, I'd love to, but I've tried that so many times they won't even let me in the store anymore.
(Série: *Friends 7.13*)

( ) I'd love to. It was so wonderful to see all that.
(Filme: *Valmont: uma história de seduções*)

( ) That would be great.
(Série: *Tal mãe, tal filha 1.03*)

( ) Yeah, I'd like that, more than anything.
(Filme: *Scooby-Doo: monstros à solta*)

( ) Yeah, that would be great! Let me make sure I'm not doing anything Tuesday.
(Série: *Friends 7.22*)

5. Cumprimentar pessoas

hey / how / great / good / hi / okay / hello / fine / good

Exemplos

A ***hey; how are you; how are you doing; how is it going; great; good; hi; okay***

Ao encontrar um conhecido, é comum usar como padrão a palavra *hey* precedida ou sucedida de nome próprio ou substantivo que demonstre a relação entre as pessoas. Em seguida, são feitas perguntas com *how*. As respostas podem ser dadas com as palavras *great, good, okay*.

1. *Andrew:* **Hey**, buddy.
Ramone: Andrew, **hey**!
Andrew: You got that phone I ordered?
Ramone: Yes, it came in. **How are you**?
Andrew: **Great**. You?
Ramone: **Good.**

(Filme: *A proposta*)

2. *Greg:* **Hey, hi**.
Shop assistant: **Hey, how are you doing**?

(Filme: *Entrando numa fria*)

3. *Phoebe:* **Hey**.
All: **Hey**, Pheebs.
Monica: **How's it going**?
Phoebe: Oh, **okay**, except I broke up with Roger.

(Filme: *Friends 1.13*)

B ***hello; fine***

Ao telefone, o diálogo frequentemente se inicia com *hello* seguido da confirmação de com quem se está falando ou com quem se quer falar.

1. *Lauren:* **Hello?**
Charlotte: Lauren?
Lauren: Charlotte! **Hey!**
Charlotte: **Hey.**
Lauren: Oh, my God. **How's** Tokyo?

(Filme: *Encontros e desencontros*)

2. *Dana:* **Hello?** Oh, **hi** Mom. Erm I've been busy. Well, erm, no, **everything is fine.**

(Filme: *Os caça-fantasmas*)

C **Também é comum iniciar uma conversa com o nome da pessoa com quem se está falando, seguido de uma breve apresentação.**

1. *Albert:* Allegra. **Hi, it's Albert Brennaman.**

Allegra: Hi, **how are you**?

Albert: **Good, good, I'm doing good**. The reason I'm calling is erm about our appointment this Wednesday. I'm not gonna be able to make it.

(Filme: *Hitch: o conselheiro amoroso*)

Observe o diálogo B.1. Note que *it's* não é obrigatório. Assim, no diálogo C.1, Albert poderia ter sido mais econômico como Charlotte e dito: *Allegra. Hi, Albert Brennaman.*

Atividades

1. **Combine as palavras a seguir usando os exemplos dados como guia. Em seguida, faça uma lista dos possíveis modos de dizer "oi" a alguém.**

Hey	*How*	*is it*	*Hello*	*it's*
are you	*going*	*buddy*	*Hi*	*doing*

____

____

____

____

2. **Complete os diálogos a seguir com as variações possíveis apresentadas nos exemplos das seções.**

A: Hello.
B: ______________________________

____

____

____

____

A: How are you?
B: ______________________________

____

____

____

____

3. **Observe novamente os diálogos apresentados nos exemplos e indique qual é a relação entre os participantes marcando o(s) número(s) do(s) diálogo(s) correspondente(s) (Exemplo: A.1; A.2...).**

a. amizade: ______________________________

b. relação familiar: ______________________

c. relação profissional: ___________________

6. Dar conselhos

I would... if I were you / should / suggest / advise / recommend

Exemplos

A *I would... if I were you*

O padrão *if I were you* pode ser usado no início ou no meio de uma frase em que também há a presença de *would* + verbo. O uso da estrutura condicional sugere a aproximação do falante de seu interlocutor.

1. *Jack:* I'**d be** discreet about my profession, Greg, **if I were you**.

(Filme: *Entrando numa fria maior ainda*)

2. *Gimli:* I **would stay** still **if I were you**.

(Filme: *O senhor dos anéis: as duas torres*)

B *should*

Ao optar por dar conselhos utilizando o padrão *should* + verbo, o falante aconselha algo que se aproxima de uma sugestão.

1. *Polly:* And... Oh, if you do come, you **should wear** comfortable shoes.

(Filme: *Quero ficar com Polly*)

2. *Leigh:* Playing to my vanity, Robert. You **should be** ashamed.

(Filme: *O código Da Vinci*)

C *suggest; advise; recommend*

Verbos como *suggest, advise* e *recommend* também são empregados para dar conselhos.

1. *Dumbledore:* If you want proof why you belong in Gryffindor then I **suggest** you look more closely at this.

(Filme: *Harry Potter e a câmara secreta*)

2. ***Stiglitz:*** I'm making you and you... responsible for him. I **suggest** you take hold of your friend.

(Filme: *Bastardos inglórios*)

3. ***Lisa:*** I'll be playing my first solo. If you miss it on Saturday I'd **advise** you to start looking for a child therapist on Sunday.

(Série: *Os Simpsons 2.08*)

4. ***Caius:*** I would **advise** that you follow through on your promise soon.

(Filme: *A saga crepúsculo: lua nova*)

5. ***Harvard professor:*** Well, I **recommend** you knowing before speaking.

(Filme: *Legalmente loira*)

6. ***Slughorn:*** I highly **recommend** you reacquaint yourself with the chapter on antidote.

(Filme: *Harry Potter e o enigma do príncipe*)

Atividades

1. Escreva (*1*) se a fala for um conselho ou (*2*) se for uma condição.

a. ( ) ***Sir William Gull:*** No, I must admit, if I were you, I'd look for someone with a thorough knowledge of human anatomy.

(Filme: *Do inferno*)

b. ( ) ***Joan:*** I can't blame him. If I were to die, there's nowhere else on earth I'd rather be.

(Filme: *Tudo por uma esmeralda*)

c. ( ) ***Agent's voice:*** Your mission, Jim, should you choose to accept it, is to obtain photographic proof of the theft.

(Filme: *Missão impossível*)

d. ( ) ***Norman:*** I was born in mine. I don't mind it anymore.
Marion: Oh, but you should. You should mind it.

(Filme: *Psicose*)

e. ( ) ***Angie:*** Oh, may I suggest a barnacle peel? Removes lines and salt damage.

(Filme: *O espanta tubarões*)

f. ( ) ***Rick:*** I suggest that you ask your wife.

(Filme: *Casablanca*)

g. ( ) ***Slughorn:*** Yes, there can be no light without the dark. And so it is with magic. Myself, I always strive to live within the light. I suggest you do the same.

(Filme: *Harry Potter e o enigma do príncipe*)

2. Assista ao trecho do filme ou leia o diálogo a seguir e responda à questão.

Melman: Listen, Mototo, you better treat this lady like a queen. Because you, my friend, you found yourself the perfect woman.
If I was ever so lucky to find the perfect woman, I'd give her flowers every day. And not just any flowers. OK? Her favorites are orchids. White. And breakfast in bed. Six loaves of wheat toast, butter on both sides. No crust, the way she likes it.
I'd be her shoulder to cry on and her best friend. I'd spend every day thinking of how to make her laugh. She has the most amazing laugh. That's what I would do if I were you.
But I'm not, so you do it.

(Filme: *Madagascar: a grande escapada*)

- Substitua os padrões sublinhados por outros apresentados nos exemplos.

____

____

____

____

____

____

____

7. Descrever pessoas

seem / be / look like

Exemplos

A ***seem; be***

Ao descrever alguém, pode-se utilizar como padrão o verbo *seem* ou *be*. *Seem* costuma ser sucedido de adjetivo e *be* costuma ser sucedido de adjetivo ou de um ofício. Outra diferença é que, ao usar *be,* o falante quer ser preciso; ao usar *seem,* quer amenizar sua opinião.

1. ***Buffy:*** Riley, look... aren't they beautiful?

Riley: Um, yeah, **they're nice**. A little dressy, maybe, for school, but...

(Série: *Buffy: a caça-vampiros 4.09*)

2. ***Cameron:*** It was none of my business.

House: They **seem perfectly pleasant,** don't they? **They are**. He **was a marine pilot**. She **was a housewife**. Married 47 years. They had one child.

(Série: *House 2.05*)

3. ***Bernie:*** She **seems so nice** on TV.

(Filme: *O espanta tubarões*)

4. ***Luke:*** You know what I mean.

Lorelai: He **seemed nice** when you guys came back from the court. He said you were just playing for fun.

(Série: *Tal mãe, tal filha 6.15*)

5. ***Woman:*** I saw him every Sunday at St. Augustine's. He always **seems... seemed so normal**. I guess you never know what's going on behind closed doors.

Dean: Yeah, I guess not.

(Série: *Sobrenatural 1.14*)

B *look like*

Também se pode usar o padrão *look like* + substantivo. Nesse caso, o falante utiliza algo conhecido pelo ouvinte para que haja compreensão.

1. ***Booth:*** Kent shot unarmed people?

Brennan: They **look like** a family.

Angela: About to sit down to dinner.

(Série: *Bones 1.21*)

2. ***Emily:*** That's just gossip.

Lorelai: Gossip? The man was shot thirty-five times. He **looks like a sprinkler system**.

Emily: I can't believe this. Shauna was always such a nice girl. She was bright, cultured, well-spoken.

(Série: *Tal mãe, tal filha 3.02*)

Atividades

1. **Faça uma lista dos verbos que podem ser usados para descrever alguém nas situações a seguir a partir dos exemplos dados.**

a. Você quer que seu interlocutor tenha uma ideia aproximada da imagem descrita. ______

b. Você quer ser preciso ao descrever alguém. ______

c. Você quer amenizar sua opinião. ______

2. **Complete as falas a seguir com os verbos *seem*, *look like* ou *be*.**

a. ***Hagrid:*** You all right Harry? You ______ very quiet.

(Filme: *Harry Potter e a pedra filosofal*)

b. ***Henry:*** Hey. I'm sorry to bother you but you ______ a person who appreciates fine art so I wanted your opinion.

(Filme: *Como se fosse a primeira vez*)

c. ***Dolly:*** Stop it, Bill. She ______ as cute as a button, though.

(Filme: *Procura-se um amor que goste de cachorros*)

d. ***Shrek:*** Does Arthur ______ a king or what?

(Filme: *Shrek terceiro*)

3. **Assista ao trecho do filme e sublinhe no diálogo a seguir os padrões utilizados na descrição de pessoas.**

Phil: Well, why not? Erm what are you looking for? Who, who is your perfect guy?
Rita: Well, first of all, he's too humble to know he's perfect.
Phil: That's me.
Rita: He's intelligent, supportive, funny.
Phil: Intelligent, supportive, funny. Me, me, me.
Rita: He's romantic and courageous.
Phil: Me also.
Rita: He's got a good body, but doesn't have to look in the mirror every two minutes.
Phil: I have a great body and sometimes I go months without looking.
Rita: He's kind, sensitive and gentle. He's not afraid to cry in front of me.
Phil: This is a man we're talking about, right?
Rita: He likes animals and children and he'll change poopy diapers.
Phil: Does he have to use the word "poopy"?

Rita: Oh, and he plays an instrument and he loves his mother.
Phil: Phew! I am really close on this one. Really, really close.

(Filme: *Feitiço do tempo*)

8. Expressar opiniões

It's... thing / that's / seem to

Exemplos

A *it's... thing*

O padrão *it's* + *a/the* + adjetivo + *thing* é comumente utilizado para expressar uma opinião a respeito de algo. A vantagem de utilizar essa expressão é que ela tende a encorajar a pessoa com quem se fala a dar continuidade ao assunto.

1. *Hammer Shark:* **It's a terrible thing**, Don Lino. Everybody loved Frankie.

(Filme: *O espanta tubarões*)

2. *Buffy:* Because **it's the weirdest thing**. He's got two little holes in his neck and all his blood's been drained. Isn't that bizarre? Aren't you just going, "Ooooh..."?

(Série: *Buffy: a caça-vampiros 1.01*)

3. *Mr. Barrie:* **It's the best thing** I've produced in years. I already have investors interested back home in New York.

(Filme: *Em busca da Terra do Nunca*)

4. *Chandler:* Yeah... Well, **it's a good thing** we got it then.

(Série: *Friends 10.10*)

5. *Bruce Wane:* Well, **it's a good thing** I left everything to you, then.

(Filme: *Batman begins*)

B *that's*

O padrão *that's* + *(actually)* + *a/an* + *(really / a bit of)* adjetivo e/ou substantivo é típico de situações informais. Quando usado como pronome se relaciona a coisas, não a pessoas.

1. *Anna:* And may I say **that's a gorgeous** tie.

(Filme: *Um lugar chamado Notting Hill*)

2. *Sandy:* Oh, **that's a mistake!** She's not right for you.

(Filme: *Quero ficar com Polly*)

3. *Phoebe:* Ooh, Joey, **that's actually** a **really good** idea!

(Série: *Friends 6.17*)

4. *Flint:* **That's actually** a **really smart** observation.

(Filme: *Tá chovendo hambúrguer*)

5. *Bridget:* **That's a bit of an overstatement**. He actually seems to be the villain of this piece.

(Filme: *Bridget Jones: no limite da razão*)

C *seem to*

Outro padrão frequentemente empregado para expressar opinião é o verbo *seem* + *to* + verbo.

1. *Albert:* They **seem to like** you too.

(Filme: *Hitch: o conselheiro amoroso*)

2. *Yeager:* Dr. Venkman, we believe that the purpose of science is to serve mankind. You, however, **seem to regard** science as some kind of dodge or hustle.

(Filme: *Os caça-fantasmas*)

3. *Ken:* Well, he did break a law, but it doesn't **seem to be** a very important law in Tashmore Lake.

(Filme: *A janela secreta*)

4. *Norm:* So the proprioceptive sims **seem to work** really well.

(Filme: *Avatar*)

5. *Hermione:* Look at this! I can't believe it, she's done it again. "Miss Granger, a plain but ambitious girl, **seems to be** developing a taste for famous wizards."

(Filme: *Harry Potter e o cálice de fogo*)

Atividades

1. Complete as lacunas a seguir com as palavras que precedem *thing*, com base nos exemplos.

a. *It's a ______________ thing.*

b. *It's the ______________ thing.*

c. *It's the ______________ thing.*

d. *It's a ______________ thing.*

2. Preencha a regra a seguir com a palavra que falta (a primeira letra da palavra que falta foi dada a você).

As linhas preenchidas na atividade 1 mostram que neste padrão usa-se *the* antes de adjetivos no s______________ .

3. Complete os diálogos a seguir com *it's* ou *that's*.

a. *Harry:* The truth is, I... I just... I don't know how to be a boyfriend.
Erica: That's what you have to say? That you don't know how to be a boyfriend?
Harry: ____________ not a small thing.
Erica: Are we done?
Harry: I don't know.
Erica: Oh, my God.

(Filme: *Alguém tem que ceder*)

b. *Brennan:* You haven't said anything to change my mind.
Booth: You know, this is exactly why okay sometimes I... I do things like shoot up an ice-cream truck.
Brennan: Well, ____________ a good thing you had therapy.
Booth: You know we talked about you in therapy.

(Série: *Bones 2.16*)

c. *Erica:* I just wish that it had lasted more than a week.
Harry: Me too.
Erica: ____________ a terrible thing to say. You know the life I had before you... I knew how to do that. I could do that forever. But now look at me. What am I gonna do? What am I gonna do with all this?

(Filme: *Alguém tem que ceder*)

d. ***Jack:*** Where's the lucky guy?

Anna: Erm packing. He has a cardiology convention in Dublin.

Jack: __________ a good thing that Jeremy finally came around. You might have had to follow him to Ireland this weekend. It's leap year, you know.

(Filme: *Casa comigo?*)

4. Complete as frases com os verbos fornecidos a seguir.

be / care / have / make / take

a. ***Rodney:*** Crank, the idol of millions is gone, and no one **seems to** __________. There should be an angry mob out there.

(Filme: *Robôs*)

b. ***Charlie:*** Can I ask you something? Hanging out with Jacob, that **seems to** __________ your mind off things a bit, doesn't it?

(Filme: *A saga crepúsculo: lua nova*)

c. ***Marty:*** Have you noticed lately... the captain **seems to**__________ acting a bit strange... -er.

(Filme: *Piratas do Caribe: o baú da morte*)

d. ***Charlie:*** It **seems to** __________ people happy and that's what I'm all about.

(Série: *Dois homens e meio 1.07*)

e. ***Baguera:*** ...and furthermore, Baloo, Mowgli **seems to** __________ man's ability to get into trouble, and your influence hasn't been exactly...

(Filme: *Mogli: o menino lobo*)

9. Expressar gostos

liking / love / pleasure / like / hate

Exemplos

A *liking; love; pleasure*

Ao expressar gostos, é comum usar *liking, love* e *pleasure*.

1. ***Dumbledore:*** Since then I'm afraid I've lost my **liking** for them.

(Filme: *Harry Potter e a pedra filosofal*)

2. ***Judge Turpin:*** Since you no longer find my company to your **liking**, madam, we shall provide you with new lodgings.

(Filme: *Sweeney Todd*)

3. ***Bones:*** I can assure you, our relationship is purely platonic. What we share is a **love** of science. Neither of us has the time or inclination for emotional complications.

(Série: *Bones 1.08*)

4. ***William:*** Yeah, I heard about you, Luther. Just wanna say it's an honor and a **pleasure** to be working with you blokes.

(Filme: *Missão impossível 2*)

5. ***Lumière:*** Ma chère mademoiselle. It is with deepest pride and greatest **pleasure** that we welcome you tonight.

(Filme: *A bela e a fera*)

B *like; love; hate*

Pode-se usar também verbos como *like*, *love* e *hate* + verbo no infinitivo ou com *-ing* ou substantivo. Eles podem ser precedidos de advérbios, por exemplo, *really*.

1. ***Mr. Deeds:*** I **really like** you a lot!

(Filme: *A herança de Mr. Deeds*)

2. ***Brigitte:*** I **always like** a man in shades.

(Filme: *O diário da princesa 2*)

3. ***Mort:*** I **don't like being** accused of plagiarism.

(Filme: *A janela secreta*)

4. ***Greg:*** Mm, well, I would **definitely like** to stay inside the circle.

(Filme: *Entrando numa fria*)

5. ***Ross:*** We are four short of a bush-o. God, I feel so alive, I **love being** in the country!

(Série: *Friends 9.19*)

6. ***College student:*** I **hate** her!

(Filme: *A lenda do tesouro perdido: livro dos segredos*)

7. ***Mr. Krabs:*** Hehehe! Huhu! Don't you **just hate** wrong numbers?

(Filme: *Bob Esponja: o filme*)

8. ***Bella:*** I **hate being** celebrated.

(Filme: *A saga crepúsculo: lua nova*)

Atividades

1. **Complete com os padrões de uso de *liking* e *love* baseando-se nos exemplos.**

a. ________ + *LIKING* + ________ e ________ + ________ + *LIKING*

b. ________ + *LOVE* + ________

2. **Determine quais padrões são de uso formal (*F*) e quais são de uso informal (*I*), de acordo com as falas dos exemplos.**

a. (   ) ***Dumbledore:*** Since then I'm afraid I've lost my **liking** for them.

b. (   ) ***Judge Turpin:*** Since you no longer find my company to your **liking**, madam, we shall provide you with new lodgings.

c. (   ) ***Bones:*** I can assure you, our relationship is purely platonic. What we share is a **love** of science. Neither of us has the time or inclination for emotional complications.

d. (   ) ***William:*** Just wanna say it's an honor and a **pleasure** to be working with you blokes.

e. (   ) ***Lumière:*** Ma chère mademoiselle. It is with the deepest pride and greatest **pleasure** that we welcome you tonight.

3. **Relacione a coluna da direita com a coluna da esquerda.**

a. ***Jack:*** Did you do that yourself?
Bernie: Oh, sure. I **love to** cook.
Jack: I can't even fry an egg.
(Filme: *Entrando numa fria maior ainda*)

b. ***Jarrad:*** What?
Gigi: You said you**'d love to** call me, but then you said 'look forward to hearing from you'. See how that's kinda confusing?
Jarrad: Look... we'll talk. We'll get in touch.
(Filme: *Ele não está tão a fim de você*)

c. ***Dumbledore:*** You've been rather reckless this summer, Harry.
Harry: I **like riding** around on trains. Takes my mind off things.
(Filme: *Harry Potter e o enigma do príncipe*)

(   ) Querer fazer alguma coisa.

(   ) Adorar fazer alguma coisa.

(   ) Apreciar/preferir continuar fazendo algo.

10. Falar sobre acontecimentos recentes no passado

have / has

Exemplos

A ***have / has*** **(conexão entre passado e presente)**

É comum utilizar o padrão *have/has + past participle* quando está implícita a ideia de que há conexão entre o acontecimento no passado e o momento presente ou quando há continuidade da ação.

1. ***Marty:*** Doc! What are you doing?
   Doc: **I've lost** her, Marty. There's nothing left for me here.

   (Filme: *De volta para o futuro 3*)
   * Doc está desconsolado, prestes a fazer uma bobagem.

2. ***William:*** Oh, yes! I almost forgot. My daughter**'s fallen in love** with Death.
   Joe Black: And **I'm in love** with your daughter.

   (Filme: *Encontro marcado*)
   * William diz que a filha está apaixonada no momento. Não é um acontecimento ocorrido no passado que não tem relação com o presente.

3. ***Bella (writing):*** Alice, **you've disappeared**, like everything else. Now who else can I talk to? I'm lost.

   (Filme: *A saga crepúsculo: lua nova*)
   * Alice ainda não retornou.

B ***have / has*** **(algo aconteceu há pouco tempo)**

O padrão *have/has + past participle* pode ser utilizado também quando algo aconteceu há pouco tempo.

1. ***Doc:*** Thank God **I've found** you!

   (Filme: *De volta para o futuro*)

2. ***Joey:*** My agent **has just gotten** me a job... in the new Al Pacino movie!

   (Série: *Friends 1.06*)

C *have / has* (consequência no presente)

O padrão *have/has + past participle* também pode ser empregado quando a ação leva a uma consequência no presente.

1. *Mike:* Ever since that kid came in you'**ve ignored** everything I've said and now look where we are!
Mike: Oh, we were about to break the record, Sulley. We would've had it made!
Sulley: None of that matters now.
(Filme: *Monstros S.A.*)

2. *Riggs:* What are you doing?
Leo: I'm cleaning this pigsty.
Riggs: I like this pigsty.
Leo: When did you last do the refrigerator? Or the pan under it?
Riggs: There's a pan under there? Where's my phone? Where's my TV? **What have you done?** Everything is outside. Just stop what you're doing. Get the dog out of here! You go before the mutt. Out, out!
(Filme: *Máquina mortífera 2*)

Atividades

1. Responda qual é a relação dos acontecimentos do passado com o presente.

Exemplo:

Kathleen: The heroine of *Pride and Prejudice* is Elizabeth Bennet. She's one of the greatest, most complex characters ever written, not that you would know.
Joe: As a matter of fact I'**ve read** it.
Kathleen: Oh, well, good for you.
(Filme: *Mensagem para você*)

O personagem quer dizer que conhece a história, não está falando sobre um acontecimento no passado.

a. *Janine:* **I've changed**. I was... fun, you know? I was fun when we first met.
(Filme: *Ele não está tão a fim de você*)

____

____

____

____

b. ***Rachel:*** I believe that there is one perfect person out there for everyone. And, you know, when you find him, you stop looking for him. That's why I'**ve stopped** looking for Russell Crowe. He'll find me.

(Série: *Friends 8.16*)

____

____

____

____

c. ***Elle:*** Hi, everybody.

Warner: Elle, what are you doing here?

Elle: **I've come** to join your study group.

(Filme: *Legalmente loira*)

____

____

____

____

d. ***Clarisse:*** Now **I've lost** the only man I ever really loved.

(Filme: *O diário da princesa 2*)

____

____

____

2. Sublinhe as palavras que indicam a relação do passado com o presente nos dois trechos a seguir.

a. ***Mike:*** Ever since that kid came in you'**ve ignored** everything I've said and now look where we are!

Mike: Oh, we were about to break the record, Sulley. We would've had it made!

Sulley: None of that matters now.

(Filme: *Monstros S.A.*)

b. ***Riggs:*** What are you doing?

Leo: I'm cleaning this pigsty.

Riggs: I like this pigsty.

Leo: When did you last do the refrigerator? Or the pan under it?

Riggs: There's a pan under there? Where's my phone? Where's my TV? **What have you done**? Everything is outside. Just stop what you're doing. Get the dog out of here! You go before the mutt. Out, out!

(Filme: *Máquina mortífera 2*)

11. Falar sobre comida

can I have? / make / eat / order / food

Exemplos

A ***can I have?***

Para pedir comida, é comum utilizar o padrão *can I have (some)* + alimento.

1. ***Brennan:*** **Can I have** fancy sauce?

   (Filme: *Quase irmãos*)

2. ***Celia:*** **Can I have some** of them rice things?

   (Filme: *As garotas do calendário*)

3. ***Pippin:*** **Can I have some** bacon?

   (Filme: *O senhor dos anéis: a sociedade do anel*)

B ***make; eat; order***

Para falar sobre cozinhar, comer e pedir um prato, é comum que se utilizem os verbos *make*, *eat* e *order*.

1. ***Alan:*** Would you like me to **make** you a snack, Jake?

   (Série: *Dois homens e meio 1.20*)

2. ***Bernie:*** Yeah, and I managed to **make** some lemon juice, too.

   (Filme: *Entrando numa fria maior ainda*)

3. ***Lt. Aldo:*** So if you ever wanna **eat** a sauerkraut sandwich again, you gotta show me on this here map where they are.

   (Filme: *Bastardos inglórios*)

4. ***Hannah:*** No, you won't. I need you to **order** the chocolate cake so I can have some.

   (Filme: *O melhor amigo da noiva*)

C *food*

A palavra *food* (comida) pode ser utilizada em relação à culinária de diferentes países, a sabores e à qualidade. Para qualificá-la, são utilizados adjetivos, como nos exemplos a seguir.

1. ***Bob:*** I would like to start eating, like, **Japanese** food.

   (Filme: *Encontros e desencontros*)

2. ***Reuben:*** Erm no. Polly's been erm making me eat **ethnic** food, so I've been throwing up a lot lately.

   (Filme: *Quero ficar com Polly*)

3. ***Donkey:*** Oh, **Mexican** food! My favorite!

   (Filme: *Shrek 2*)

4. ***Lt. Hauk:*** Oh, but but of course. Uh, the French love **good food**.

   (Filme: *Bom dia Vietnã*)

5. ***Diego:*** I don't eat **junk food**.

   (Filme: *A Era do Gelo*)

6. ***Reuben:*** Yeah, no, I'm fine. I always react this way to **spicy food**.

   (Filme: *Quero ficar com Polly*)

7. ***TV narrator:*** **The best food** in France is made in Paris, and **the best food** in Paris is...

   (Filme: *Ratatouille*)

Atividades

1. Leia o trecho a seguir e complete a tabela com os padrões utilizados para falar de comida, apresentados nos exemplos.

Dr. Leedbetter: Erm, Ross. May I have a word with you?

Ross: Yeah, of course, Donald.

Dr. Leedbetter: We've been getting reports of some very angry behavior on your part.

Ross: What?!

Dr. Leedbetter: Threatening letters, refusal to meet deadlines, apparently people now call you mental.

Ross: Yeah.

Dr. Leedbetter: We want you to speak to a psychiatrist.

Ross: Oh no, you you don't understand. Ugh, this is so silly. Erm, this is all because of a sandwich.

Dr. Leedbetter: A sandwich?

Ross: Yeah. You see my sister makes these amazing turkey sandwiches. Her secret is, she puts a, an extra slice of gravy soaked bread in the middle; I call it the Moist Maker. Anyway, I… I put my sandwich in the fridge over here…

Dr. Leedbetter: Oh, you know what?

Ross: What?

Dr. Leedbetter: I… I'm sorry. I, I… I… I… believe I ate that.

Ross: You ate my sandwich?

Dr. Leedbetter: It was a simple mistake. It could happen to anyone.

Ross: Oh oh really? Did you confuse it with your own turkey sandwich with a Moist Maker?

Dr. Leedbetter: No.

Ross: Do you perhaps remember seeing a note on top of it?

Dr. Leedbetter: There may have been a joke or a limerick of some kind.

Ross: That said it was my sandwich?!

Dr. Leedbetter: Now now calm down. Come look in my office, some of it may still be in the trash.

Ross: What?

Dr. Leedbetter: Well, it was quite large. I… I… I… I… I… had to throw most of it away.

Ross: You you you you threw my sandwich away! My sandwich?!!! My sandwich!!!!!!

(Série: *Friends 5.09*)

a. Cozinhar e comer	______________________ ______________________ ______________________ ______________________ ______________________

b. Comidas	____________ ____________ ____________ ____________
c. Sabor e qualidade	____________ ____________ ____________ ____________

12. Falar sobre saúde e problemas de saúde

How... feeling / What's the matter / What happened / spasm / feeling / okay/ all right / have or make... appointment / fill a prescription / sick / pain / bad /hurt / doctor

Exemplos

A ***how... feeling; what's the matter; what happened; spasm; pain***

Quando se demonstra interesse pela saúde de alguém e se espera uma explicação sobre o problema, é comum o uso de padrões com pronomes interrogativos, como *how* e *what*.

1. ***Dr. Maggie Rice:*** **How (are) you feeling**?
Nathaniel Messinger: Ready to hit the waves.
(Filme: *Cidade dos anjos*)

2. ***Roz:*** **What's the matter**? **What happened**?
Jack: I was erm coming to apologize and my back **went into spasm**. It's very tender from that horrific football accident.
Roz: Yeah, I feel it. My God, you're knotted like a pretzel. You must be **in a lot of pain**, huh?
Jack: I don't mind pain. I learn from pain.
(Filme: *Entrando numa fria maior ainda*)

B *feeling; okay; all right*

Quando se quer demonstrar interesse pelo estado de saúde de alguém, mas não se espera receber uma explicação detalhada do problema, pode-se usar o padrão verbo *to be* + sujeito + *(feeling)* + *okay / all right*. É importante observar que, nesse caso, há a tendência de utilizar adjetivos com conotação positiva, como *okay* e *all right*.

1. *Nina:* **Are you feeling all right**?
George: Of course she's **feeling all right**. Look at her. She never looked better.
(Filme: *O pai da noiva 2*)

2. *Marty:* Is that Melman?
Gloria: **Are you okay**?
Melman: Yeah, **I'm fine**. I often doze off while I'm getting an MRI.
(Filme: *Madagascar*)

C *have or make... appointment; fill a prescription*

Para falar sobre consultas e receitas médicas utilizam-se os padrões *have* ou *make* + artigo definido/indefinido + *appointment* / *fill* + *prescription*.

1. *Alex:* Melman, you're not getting an MRI.
Melman: CAT scan?
Alex: No! No CAT scan! It's a transfer! It's a zoo transfer!
Melman: Zoo transfer! Oh, no. I can't be transferred, **I have an appointment** with doctor Goldberg at 5. My **prescriptions** have to be **filled**.
Gloria: Calm down, Melman.
Melman: No other zoo can afford my medical care!
(Filme: *Madagascar*)

2. *Wilson:* Wait a minute. She goes in the first time, they look, they can't find anything. Ten months later...
Foreman: Why should she subject herself to that again?
Chase: Why **make** a second **appointment**?
Wilson: She didn't. The nurse **made** the **appointment**. They were looking ... they were looking for ovarian cancer.
Foreman: You got all of that from one cancelled **appointment**?
(Filme: *House 1.10*)

D *sick; pain; bad; hurt; doctor*

Observe outros padrões para falar sobre saúde e problemas de saúde.

1. *Jan:* The regular delivery guy **called in sick**. But you don't **look** too **sick**, Murph.

Murph: I forgot I was **faking sick** today.

(Filme: *A herança de Mr. Deeds*)

2. *Bob:* I was **feeling tight**, you know? Shoulders and neck. So I called down and, and had a erm shiatsu massage in my room.

Charlotte: Mmm, that's nice.

Bob: And the tightness has completely erm disappeared... and been replaced by... **unbelievable pain**. Just **staggering, unbearable pain**.

Charlotte: Oh, **that's too bad**. I'm **in pain**. I got my foot banged up, and... wanna see it?

Bob: How do you say no? Oh, my gosh! That's... how... When did you do this?

Charlotte: I did it the other day. **It hurts**, you know?

Bob: Didn't you **feel any pain**?

Charlotte: Yeah, **it really hurts**.

Bob: That toe is almost dead. I think I gotta **take** you **to the doctor**. You can't, uh, just put that back in the shoe.

(Filme: *Encontros e desencontros*)

Atividades

1. Localize nos exemplos anteriores as seguintes situações e transcreva o que for localizado.

a. As pessoas estão descrevendo como ocorreu o problema.

____

____

____

b. A pessoa não foi trabalhar por causa de problemas de saúde.

____

____

____

c. As pessoas estão com muita dor.

____

____

____

d. A pessoa quer se mostrar forte.

____

____

____

e. As pessoas estão bem.

____

____

____

f. As pessoas estão oferecendo ajuda.

____

____

____

2. Sublinhe no trecho a seguir os padrões utilizados para falar de saúde.

Chandler: What's wrong with you?

Joey: Nothing! Well, I... I got this blinding pain in my stomach when I was lifting weights before, then I erm passed out and uh, haven't been able to stand up since. But erm, I don't think it's anything serious.

Chandler: This sounds like a hernia. You have to go to the doctor!

Chandler: Hey, will you grab me a cruller? Sit down! Will you go to the hospital?!

Joey: Dude! Hernia operations cost like... a lot probably. Besides it's getting darker and more painful, that means it's healing.

Chandler: I will loan you the money. Just go to the hospital and let's just get that thing... pushed back in.

Joey: Thank you, but it would take me forever to pay you that money back and I don't want that hanging over my head. Okay? Besides, as soon as my insurance kicks in I can get all the free operations I want! Yeah, I'm thinking I'll probably start with that laser eye surgery.

(Série: *Friends 6.04*)

3. **Relacione os diversos significados da palavra *sick* com as falas a seguir.**

a. aborrecido ( ) ***Peter:*** Stop lying to me! **I'm sick of** grown-ups lying to me!
(Filme: *Em busca da Terra do Nunca*)

b. desesperado ( ) ***Max:*** You are becoming a **sick** workaholic lunatic.
(Filme: *Hitch: o conselheiro amoroso*)

c. louco ( ) ***Ed:*** Hope I **worried you sick**.
(Filme: *A mansão Marsten*)

13. Fazer comparações

as / as long as

Exemplos

A ***as***

As costuma ser um padrão para comparar pessoas colocando-as em nível de igualdade no que diz respeito à qualidade descrita.

1. ***Deaver:*** But most of the experts you've come up against **are as dry and boring as** you are. Now I don't know if you've seen their expert...
Booth: She's seen him, Ms. Deaver.
(Série: *Bones 1.08*)

2. ***Josh:*** Call me after supper. Remember about Cynthia.
Billy: Don't worry! I'**m as interested as you are**.
(Filme: *Quero ser grande*)

3. ***House:*** You talked to the dog?
Cameron: We're not **as up on foreign languages as you are**.
(Série: *House 2.18*)

B ***as***

As é utilizado para estabelecer relação entre aquilo de que se fala e algo que permita entendê-lo.

1. ***Phoebe:*** Why? He's gonna **be** dressed **as a baby**.
(Série: *Friends 8.20*)

2. *Emily:* I'm so sorry you have a final tomorrow. I thought you'd **be free as a bird** tonight.

Rory: "Them's the breaks".

(Série: *Tal mãe, tal filha 4.21*)

C *as long as*

As long as é um padrão que costuma ser mais usado para expressar condição ("desde que") do que para comparar.

1. *Susan:* Oh, it's ok... It's fine. **As long as** we are together, Fresno is the most romantic city in the whole world.

(Filme: *Monstros vs. alienígenas*)

2. *Foreman:* It's easy for you, isn't it? **As long as** you believe I'm going to a better place, dying ain't so bad.

(Série: *House 2.21*)

Atividades

1. Complete os espaços com as situações em que você usaria os padrões apresentados nos exemplos.

a. Seção A ____________________ **b.** Seção B ____________________

2. Complete os diálogos utilizando as palavras a seguir:

subtle as are good gun as

a. *Margaret:* No? Hmm.

Andrew: No. No. I mean, I... I picked up on all her little hints. This woman's about as ________ as a ______. Yeah, yeah. What I was worried about was that she might find this little box...

(Filme: *A proposta*)

b. *Emily:* Ah, yes. Well, let me tell you this, Shira. We are just ________ good ________ you ________. You don't think Rory is ________ enough for your son. As if we don't know Logan's reputation?

(Série: *Tal mãe, tal filha 6.05*)

3. Marque o(s) diálogo(s) no(s) qual(is) *as long as* aparece como comparação.

a. (   ) *Marty:* That don't sound too promising.

Alex: You're right. You're right! We're stuck here.

Marty: Hey, guys, as long as we're together, we'll be okay.

(Filme: *Madagascar: a grande escapada*)

b. ( ) *Harry:* How many times?

Umbridge: Well, let's say for as long as it takes for the message to sink in.

(Filme: *Harry Potter e a ordem da fênix*)

14. Fazer previsões

may / might / must / think… will / must

Exemplos

A *may; might; must*

Ao fazer previsões ou suposições sobre ações ou situações, é comum utilizar o padrão de palavras como *may, might* e *must,* seguidas do verbo *to be*.

1. *Sid:* Yummo. A dandelion. **Must be** the last one of the season.

   (Filme: *A era do gelo*)

2. *Legolas:* They **may** yet **be** alive.

   (Filme: *O senhor dos anéis: as duas torres*)

3. *Sid:* It **may surprise** you to know that I, too, have experienced fear.

   (Filme: *A era do gelo 2*)

4. *Dana:* Erm I don't know, what I have to say **may sound** a little unusual.

   Peter: Oh, that's all we get day in, day out around this place.

   (Filme: *Os caça-fantasmas*)

B *think… will/must*

É possível fazer previsões usando o padrão pronome pessoal + *think* + pronome pessoal + *will/must* + verbo.

1. *Georges:* **I think it must be** the drums.

   (Filme: *Green card: passaporte para o amor*)

2. *Professor Callahan:* Do you think she just woke up one morning and said: "**I think I'll go** to law school today"?

   (Filme: *Legalmente loira*)

3. *Rachel:* Okay, look you guys, I really don't want to get into this right now. **I think it'll** just **make** everyone uncomfortable.

   (Série: *Friends 2.05*)

Atividades

1. Indique com um (*X*) as falas que se referem a previsões/suposições.

a. (   ) ***Hermione:*** Even they aren't that thick. But there **might be** another way. Mind you, it would be difficult. Not to mention we'd be breaking about 50 school rules.

(Filme: *Harry Potter e a câmara secreta*)

b. (   ) ***Chief Attendant:*** Bien, Mr. Ratchett. **May** you now **have** pleasant dreams.

(Filme: *Assassinato no Expresso do Oriente*)

c. (   ) ***Quasimodo:*** Frollo's coming. You **must leave**. Quick, follow me!

(Filme: *O corcunda de Notre-Dame*)

d. (   ) ***Booth:*** Yeah. Bones thought you **might know** what erm this is here.

(Série: *Bones 1.09*)

e. (   ) ***Frank:*** Shut Up! You **may think** you can intimidate the whole world with your attitude, but I grew up in Hell, homeboy. My grandmother had more attitude.

(Filme: *Melhor é impossível*)

f. (   ) ***Spade:*** You can't miss Gutman. He **must weigh** 300 pounds.

(Filme: *O falcão maltês*)

g. (   ) ***Kevin:*** Push the red button. And you **may want** to put on a seatbelt.

(Filme: *Homens de preto*)

h. (   ) ***Reporter:*** Mayor Tilton, **may** we **have** a word with you?

(Filme: *O máskara*)

i. (   ) ***Hamm:*** They erm **must have kicked** him **out** early this year.

(Filme: *Toy story*)

j. (   ) ***Jonathan:*** Yes, undoubtedly, knowing my luck. He **may be** a cowboy, but I know the breed. His word is his word.

(Filme: *A múmia*)

2. Sublinhe as palavras que indicam que os personagens estão fazendo previsões.

a. ***Egon:*** I think that was the old New York Central City of Albany! Derailed in 1920! Killed hundreds of people! Did you catch the number on the locomotive?

Winston: Sorry. I missed it.

Egon: Something's trying to stop us. We must be close.

(Filme: *Os caça-fantasmas 2*)

b. *Alex:* I think I just saw Mort on the wing of the plane.
Melman: You got Madagascar on the brain.
Gloria: I know I'm gonna miss it. It was quite a vacation!
Alex: It was incredible, wasn't it? Yeah, I think it'll seem more fun the further away we get from it.

(Filme: *Madagascar: a grande escapada*)

15. Interromper uma conversa

have a word / pardon me

Exemplos

A *have a word*

O padrão verbos modais + *have a word* é utilizado para interromper uma atividade em andamento e sinalizar que o interlocutor quer toda a atenção de seu ouvinte. Normalmente, o interlocutor está indicando que deseja conversar em particular, ou seja, sem a presença de outras pessoas.

1. *Jack:* Dr Brighton. **May** I **have a word**?

(Filme: *Em busca da Terra do Nunca*)

2. *Mr. Weasley:* Harry, wonder if I **might have a word**?

(Filme: *Harry Potter e o prisioneiro de Azkaban*)

3. *Lady Trentham:* I was, erm, wondering, William, if I **could have a word** with you alone after dinner?

(Filme: *Assassinato em Gosford Park*)

4. *Lady Trentham:* I wonder if we **could have a word** or two later on, William.

(Filme: *Assassinato em Gosford Park*)

5. *Travis:* **Can** we **have a word**?

(Filme: *A negociação*)

6. *Henry:* Daphne, **can** I **have a word**?

(Filme: *Tudo que uma garota quer*)

7. *Glynnis:* **Can** I **have a word** with you in private for a moment, please?

(Filme: *Tudo que uma garota quer*)

B *pardon me*

Um padrão comumente utilizado para interrompermos alguém é composto das palavras *pardon* e *me*.

1. ***Miranda:*** **Pardon me** for interrupting your meeting erm Mr. Allan, you remember Fletcher Reede?

(Filme: *O mentiroso*)

2. ***Professor Dumbledore:*** Pardon me, minister, but as it happens, we can.

(Filme: *Harry Potter e a ordem da fênix*)

3. ***Tramp:*** **Pardon me**, friend. I wonder if you'd do us a little...

(Filme: *A dama e o vagabundo*)

4. ***Fredricksen:*** Excuse me. **Pardon me.** Old man coming through.

(Filme: *Up: altas aventuras*)

Atividades

1. Escreva (*D*) ao lado do personagem que se sente desconfortável para interromper seus ouvintes e (*V*) ao lado de quem se sente à vontade nessa situação, com base nos exemplos das seções.

a. (   ) Jack
b. (   ) Mr. Weasley
c. (   ) Lady Trentham
d. (   ) Lady Trentham
e. (   ) Travis
f. (   ) Henry
g. (   ) Glynnis
h. (   ) Miranda
i. (   ) Professor Dumbledore
j. (   ) Tramp
k. (   ) Fredricksen

2. **Faça uma lista das palavras que o levaram às respostas dadas na atividade 1 com base nos exemplos das seções.**

A.1 ____________________ B.1 ____________________
A.2 ____________________ B.2 ____________________
A.3 ____________________ B.3 ____________________
A.4 ____________________ B.4 ____________________
A.5 ____________________
A.6 ____________________
A.7 ____________________

3. **Escreva ao lado de cada situação o(s) número(s) da(s) fala(s) correspondente(s) a partir dos exemplos dados.**

Exemplo: no escritório: *A.1, A.2, A.4, A.5, A.6, A.7, B.1, B.4*

a. durante uma reunião: ____________________

b. durante uma festa: ____________________

c. em casa, entre familiares: ____________________

d. na escola: ____________________

16. Pedir e fornecer informações pessoais

What's your name? / What's your (tele)phone number? / What's your business? / Are you…? / Where do you…?

Exemplos

A ***what's your name? / what's your (tele)phone number? / what's your business? / are you…?***

Para pedir informações pessoais como o nome e o telefone de alguém, é comum o uso do padrão *what's + your + name / (tele)phone number.* Em situações de negócios ou em uma entrevista, para saber a razão de alguém ter vindo até um local, pode-se usar o padrão: *what's + your + business.*

1. ***Dillinger:*** What's your name?
Billie: Billie Frechette.
Dillinger: Buy you a drink? Is that French?
Billie: On my father's side. There's an "e" at the end. Do you have a name? Do you dance, Jack?
Dillinger: I don't know how.

(Filme: *Inimigos públicos*)

2. *Gavin:* **What's your phone number**? Where are you staying?
Darby: Not so fast.
Gavin: Come on, Darby! Thomas Callahan was my best friend.

(Filme: *O dossiê pelicano*)

3. *Murtogg:* What's your name?
Jack: Smith. Or Smithy if you like.
Mullroy: **What's your business** in Port Royal, "Mr. Smith"?
Murtogg: And no lies!
Jack: Well, then, I confess: it is my intention to commandeer one of these ships, pick up a crew in Tortuga, raid, pillage, plunder and otherwise pilfer my weaselly black guts out.

(Filme: *Piratas do Caribe: a maldição do Pérola Negra*)

B *where do you...?*

Para perguntar onde alguém nasceu, mora ou estuda, costuma-se usar o padrão *where* + *do* + *you* + verbo.

1. *Victoria:* And **where do you** come from?
Valiant: West Nestington. That's near Nestington, it's close to the west of it, actually.

(Filme: *Valiant: um herói que vale a pena*)

2. *Prime Minister:* Well, erm, **where do you** live, for instance?
Natalie: Wandsworth. The dodgy end.

(Filme: *Simplesmente amor*)

3. *Reporters:* What's your name and **where do you** go to school?
Josh: Josh Briant. I go to Grove High School.

(Filme: *O diário da princesa*)

C *are you...?*

Quando a intenção é confirmar com o interlocutor uma informação sobre sua profissão, *status* ou caráter é comum o uso do padrão *are* + *you* + *a* + substantivo.

1. *Lady Bailey:* And what do you do in London, Mr. Michell? **Are you a teacher**, as well?
Michell: No, not yet. I'm doing a fellowship.

(Filme: *Possessão*)

2. ***Frank:*** **Are you a citizen** of this country, Ramone?
Ramone: Yes, I'm a citizen!

(Filme: *A proposta*)

3. ***Jack:*** **Are you a male nurse?**
Greg: Yes.

(Filme: *Entrando numa fria*)

Atividades

1. Quais dos exemplos dados se encaixam nas situações a seguir?

a. Conhecer alguém em situação informal → ______________________

____

____

b. Conhecer alguém em situação formal → ______________________

____

____

2. Faça uma lista das palavras, expressões ou razões que o levaram a fazer as escolhas da atividade 1.

____

____

____

____

3. Relacione a coluna da esquerda com a coluna da direita para completar as perguntas. Você poderá repetir as opções se necessário.

a. *What's your*	( ) *engineer?*
b. *Where do you*	( ) *business in Miami?*
c. *Are you (a/an)*	( ) *teacher?*
	( ) *live?*
	( ) *telephone number?*
	( ) *honest person?*
	( ) *currently employed?*

17. Pedir e fornecer informações sobre coisas e pessoas

Do you know...?

Exemplos

A *do you know...?*

Pode-se usar *Do you know...?* para pedir informações sobre coisas, eventos, lugares e pessoas em vez de fazer a pergunta diretamente.

1. ***Buzz Lightyear:*** **Do you know** these life-forms?
Woody: **Yes. They're** Andy's toys.
(Filme: *Toy story*)

2. ***Elle:*** Oh my God! **Do you know** who this is?
Old Lady: **No.**
Elle: That's Warner's older brother!
Old Lady: Who?
(Filme: *Legalmente loira*)

3. ***Josephine McKenna:*** **Do you know where** he is?
Dr. Benjamin McKenna: Have you heard anything about our boy?
Mr. Buchanan: **I only wish I could** give you some cheerful news, but we might find him quite soon indeed...
(Filme: *O homem que sabia demais*)

4. ***Andy:*** Mom, **do you know where** Buzz is?
Mom: **No, I haven't seen him.**
(Filme: *Toy story*)

5. ***Anne:*** **Do you know where** Guy is?
Barbara: **He went** out with that man!
(Filme: *Pacto sinistro*)

6. ***Margot:*** Hey, Elle, **do you know what** happened on Days of Our Lives yesterday?
Elle Woods: Why, **yes**, Margot, **I do**. Once again we join Hope in the search for her identity.
(Filme: *Legalmente loira*)

É importante observar que há pelo menos três tipos de resposta para as informações pedidas. Em alguns casos, responde-se "sim" ou "não" e a informação que se pede é fornecida e/ou explicitada (exemplos 1, 4 e 6). Em outros casos, os que parecem indicar não colaboração ou desinteresse, responde-se um simples "não" (exemplo 2). O terceiro tipo de resposta é o que se refere à informação diretamente (exemplos 3 e 5), sem dizer "sim" ou "não".

Atividades

1. Complete as frases a seguir utilizando as estruturas dadas e as dicas entre parênteses.

a. *Cindy:* Do you know ______________ (onde) she ______________ (está)?
Cody: No. But sometimes she talks to me.

(Filme: *Todo mundo em pânico 3*)

b. *Cameron:* You've been in this bed for a really long time. We're gonna do the same test we did last night, OK? Do you know ______________ ______________ (que) day it ______________ (é)?

(Série: *House 1.07*)

2. Marque nas falas a seguir se a resposta dada é informativa (*I*) ou não colaborativa (*NC*).

a. *Rory:* Are Lucy and Olivia home?
Marty: No. ( )

b. *Rory:* 'Cause they said to bring this stuff by. Do you know when they'll be back?
Marty: No. ( )

c. *Rory:* Do you know where they went?
Marty: Just down the hall. ( )

(Série: *Tal mãe, tal filha 7.09*)

3. Complete as frases a seguir com perguntas que você costuma utilizar em seu dia a dia.

a. *Do you know who* ______________________________?

b. *Do you know when* ______________________________?

c. *Do you know where* ______________________________?

d. *Do you know what* ______________________________?

18. Perguntar sobre como chegar a um lugar e indicar o caminho

How do I get…? / Is there… I can take? / Where is…?

Exemplos

A ***how do I get…?; is there… I can take?***

Para perguntar qual é o caminho para chegar a algum lugar, pode-se usar os padrões *how do I get to* + nome do lugar onde se deseja ir ou *how do I get down / up there*. O padrão *Is there a* + *(back)road / bus / train / etc.* + *I can take* também é bastante comum.

1. *Rodney:* Hi, excuse me. **How do I get to Bigweld Industries**? What? Yeah, thanks.
Speaker: Cross-town express to Foundry District… with stops at Bigweld Industries and Battery Park only.
(Filme: *Robôs*)

2. *Melanie:* Oh, I see. **How do I get down there**?
Clerk: Well, you follow the road round the bay. That'll take you right to their front door.
Melanie: The front door. **Is there a back road I can take**?
Clerk: No. That's the only road.
(Filme: *Os pássaros*)

B ***where is…?***

Pode-se também usar o padrão *where is* para perguntar sobre a localição de algo.

1. *Bones:* **Where is** the nearest cemetery?
Police officer: The closest one I know about is Holyrude but that's a good ten miles from here.
(Série: *Bones 1.13*)

2. *Benjamin:* And **where is** that?
Abigail: Right across the street from where we're hiding, at the intersection of Wallstreet and Broadway.
(Filme: *A lenda do tesouro perdido*)

3. *Mr. Gilbertson:* And **where is** this surprise gonna take place?
Margaret: At Andrew's parents' house.
Mr. Gilbertson: And **where, where, is** that located again?
(Filme: *A proposta*)

4. *Emily:* And **where is** your town, **Sarrusta**?
Mikhail: Just outside Moscow.

(Série: *Tal mãe, tal filha 5.21*)

5. *Ray:* Where is it?
Peter: It's at the end of the hall.

(Filme: *Os caça-fantasmas*)

Observe que o padrão *where is* também é tipicamente usado para perguntar sobre pessoas e objetos (*where is she? / where is the drink cart?*).

Atividades

1. Faça uma lista das palavras de sua escolha que podem completar os padrões *how do I get* e *where is*, com base nos exemplos dados.

a. *How do I get* ____________________

____

b. *Where is* ____________________

____

____

____

____

2. Elabore perguntas para a seguinte situação: você está em Nova York e quer visitar os locais listados a seguir, mas não sabe como chegar.

The Statue of Liberty	Central Park
The Brooklyn Bridge	Wall Street

a. ____

____

b. ____

____

c. ____

____

d. ____

____

3. **Relacione as colunas a seguir a fim de explicitar que trechos dos exemplos servem para dar os tipos de indicação listados.**

a. Cross-town Express to … with stops at	( ) Explicar onde é o local mais próximo do qual se pede a informação.
b. To curve to the left	( ) Informar qual transporte utilizar e os locais por onde ele passa.
c. The closest one is	( ) Explicar a distância entre o lugar onde se está e o lugar para onde se pretender ir.
d. Ten miles from here	( ) Mostrar que o local fica do outro lado do ponto de referência.
e. Right across from	( ) Mostrar que o local indicado fica do lado de fora do local de referência.
f. Just outside	( ) Explicar que a rua ou estrada faz uma curva para a esquerda.
g. It's at the end of	( ) Dizer que o local indicado fica em uma das extremidades de outro.

19. Reclamar

can't stand / put up with / that's it / fed up / sucks / driving… crazy/nuts / tired of

Exemplos

A *can't stand; put up with*

Quando alguém atinge o limite de sua paciência, é comum o uso dos padrões *I can't / cannot stand / put up with* seguido do que o aborrece.

1. ***Bernie:*** No! **I can't stand** this secrecy anymore!

(Filme: *Entrando numa fria maior ainda*)

2. ***Dr. Tullen:*** Georgia! Georgia! **I cannot put up with** that twit any longer.

(Filme: *Falando grego*)

B that's it

Em diferentes situações de impaciência também é frequente que as pessoas se exaltem dizendo *That's it!*

1. ***Creeper:*** It wasn't my fault! **That's it**! **That's it**! I always get blamed for these things!

   (Filme: *O caldeirão mágico*)

C fed up

Para expressar irritação, pode-se utilizar o padrão pronome pessoal / nome + verbo *to be* + *fed up (with)*. Note que a preposição *with* só será utilizada se sucedida de alguém ou alguma coisa.

1. ***Grace:*** **I'm fed up**! Do you hear me? **I am fed up with** you!

   (Filme: *Os outros*)

D sucks

Para expressar desagrado com relação a algo ou a alguma situação é frequente o uso do padrão *this / that sucks.*

1. ***Caitlin:*** When are we going to the beach?
   Georgia: That's not on my itinerary.
   Caitlin: Of course not. **This sucks**.

   (Filme: *Falando grego*)

2. ***Homeless guy:*** Did you just run out of gas?
   Carl: Maybe.
   Homeless guy: **That sucks**. That happened to me last week.

   (Filme: *Sim senhor*)

E driving... crazy/nuts

Para expressar que algo ou alguém o está deixando louco é comum utilizar o padrão *driving me crazy/nuts*.

1. ***Judith:*** Please tell me he's ready. My parents are **driving me nuts**.

   (Série: *Dois homens e meio 1.04*)

2. ***Monica:*** This switch thing has been **driving me crazy**. So I turned it off and checked every outlet.

   (Série: *Friends 4.15*)

F *tired of*

Padrões com *tired of* também são úteis para expressar aborrecimento.

1. *William Parrish:* Forget Bontecou. Scrub him. **I'm tired of** his fancy name and his fancy offer.

   (Filme: *Encontro marcado*)

2. *Monica:* I know, I know. **I'm just so tired of**... of missing him. **I'm tired of** wondering why hasn't he called. Why hasn't he called?

   (Série: *Friends 3.01*)

3. *Sally:* Don't you walk away from me. **I'm sick and tired of** cleaning up your messes!

   (Filme: *Da magia à sedução*)

G *complain*

Usa-se a palavra *complain* para reagir a respeito de uma reclamação que parece não ter fundamento.

1. *Howard:* **What are you complaining about**? I'm the one who has to take the class again.

   (Série: *Big bang: a teoria 2.07*)

Atividades

1. Nos exemplos da seção F, quais podem ser as sequências de palavras associadas a *tired of*?

____

____

____

____

2. Complete as falas a seguir com as seguintes palavras ou expressões:

fed up / driving / sucks / can't stand / put up

a. *Bella:* Alice, things are... things are bad again. Without Jake, I just... I ____________________ it.

(Filme: *A saga crepúsculo: lua nova*)

b. ***Sam:*** Dude, you know something? I've __________________ with a lot from you.

Dean: What are you talking about? I'm a joy to be around.

Sam: Yeah? Your dirty socks in the sink? Your food in the fridge?

(Série: *Sobrenatural 2.15*)

c. ***Super:*** I'm ______________ with this bloody stupid building! Every day something breaking.

(Filme: *Dragão vermelho*)

d. ***Mike:*** Erm "Glint, glisten, scintillation".

Ben: "Scintillation..." that's not bad. Aw, that ________________. Guys, let's take a break. A little coffee and nine-ball. Shake it out. Maybe I'll be able to concentrate since the woman is _________________ me crazy.

(Filme: *Como perder um homem em 10 dias*)

3. Complete o esquema a seguir com as palavras usadas com *complain* e *complaint* encontradas nos exemplos abaixo.

a. ***Dr. Chilton:*** On the afternoon of July 8, 1981, he **complained** of chest pains and was taken to the dispensary.

(Filme: *O silêncio dos inocentes*)

b. ***Terry:*** I can't give you his name unless you have a **complaint**.

(Filme: *Gênio indomável*)

c. ***Booth:*** You know, the priest made a **complaint**.

(Série: *Bones 2.17*)

d. ***Cynthia Cole:*** I **complained** to Child Services, and they launched an investigation.

(Série: *Bones 2.21*)

e. ***Alan:*** Hey, hey, that kid has nothing to **complain** about.

(Série: *Dois homens e meio 1.20*)

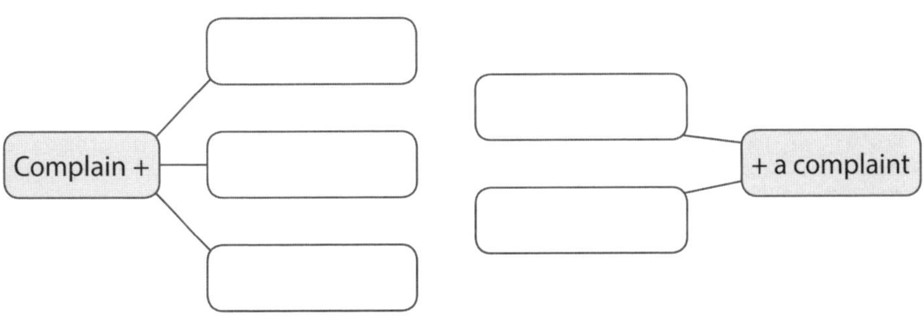

20. Relatar o que alguém disse

Say / tell / ask / mention / admit / promise / agree / say to / tell… to / ask to / ask… to / advise / offer / always told me / said so / told… so / I told you so

Exemplos

A *say; tell; ask; mention; admit*

Os verbos mais comuns usados para relatar o que alguém disse são *say, tell, ask, mention* e *admit*.

1. *Bella:* Alice **said that** she saw me like you.

   (Filme: *Crepúsculo*)

2. *Zack:* He **told me** once **that** having a high I.Q. was no excuse not to bathe.

   (Série: *Bones 3.06*)

3. *Annie:* I started to freak out and he **asked me what** was wrong.

   (Filme: *O pai da noiva*)

4. *Penny:* Leonard **mentioned** you were a psychiatrist.

   (Série: *Big bang: a teoria 2.15*)

5. *Booth:* Well, she already **admitted** to the murder, Ms. Child.

   (Série: *Bones 2.03*)

B *promise; agree*

Para falar sobre promessas e intenções, é comum adotar os verbos *promise* e *agree*.

1. *Penny:* Look, you **promised me** you would keep my secret.

   (Série: *Big bang: a teoria 2.01*)

2. *Jack:* Margaret, do you remember when we **agreed that** you wouldn't go to the Frankfurt Book Fair…

   (Filme: *A proposta*)

3. *Lockhart:* He has sportingly **agreed to** help me with a short demonstration.

   (Filme: *Harry Potter e a câmara secreta*)

C *say to; tell... to; ask to; ask... to*

Para relatar pedidos e ordens, é comum o uso dos verbos *say*, *tell* e *ask*.

1. ***Dr. Hopper:*** He **said to** give him a call if we had any problems.

   (Filme: *Sahara*)

2. ***Peter:*** I'm a friend of his. He **told** me **to** meet him here.

   (Filme: *Os caça-fantasmas*)

3. ***Vivian:*** Callahan **asked to** see you before you leave.

   (Filme: *Legalmente loira*)

D *advise; offer*

Para falar sobre sugestões e ofertas, pode-se usar como padrão os verbos *advise* e *offer*.

1. ***Cam:*** The mortician's lawyer **advised** him **to** clam up.

   (Série: *Bones 2.16*)

2. ***Marshal:*** Well, I **offered to** pay my half.

   (Filme: *Procura-se um amor que goste de cachorros*)

E *always told me*

Outro padrão comum é *always told me*.

1. ***Helen:*** My mom **always told me** I couldn't cry and told me to be a big girl.

   (Filme: *O diário da princesa*)

2. ***Annie:*** You were the one that **always told me** to go for my dreams, never to settle.

   (Filme: *O pai da noiva 2*)

F *said so; told... so; I told you so*

Para evitar repetição, usa-se *said so e told... so*.

1. ***Raj:*** You are my lady. Our parents **said so**.

   (Série: *Big bang: a teoria 1.08*)

2. ***Trelawney:*** Well, gentlemen, this is definitely a genuine bona-fide treasure map.

   Jim Hawkins: Oh, really?

   Trelawney: Oh, yes. Mr. Bimbo **told me so**.

   (Filme: *Os muppets na ilha do tesouro*)

- Observe a seguir que o padrão *told* + *you* + *so* pode ser usado para mostrar que a pessoa que falou/avisou estava certa, como em português: "eu (não) te disse/avisei!".

3. *Tim:* And if she were alive today, she'd tell us both, "I **told you so**".

(Filme: *Tá chovendo hambúrguer*)

Atividades

1. Complete as tabelas com os verbos a seguir. Observe que os itens entre parênteses podem ser omitidos.

say / tell / admit / promise / advise / agree / offer

verbo + (**to** *someone*) + (*that* / *when* / *where*/ *why*...)	verbo + *someone* (*me, you, him*) + (*to* / *that* / *when* / *what*...)	verbo + (pronome objeto) + *to* + (*something* / verbo *-ing* ou no infinitivo)

2. Como você relataria as seguintes falas?

Graham: I have met her.
Iris: Can you just hold on for a sec?
Amanda: How is he?
Graham: How is she doing?
Iris: No, of course there aren't any men in my town!!!

(Filme: *O amor não tira férias*)

____

____

____

____

3. Assista à cena do filme ou leia o trecho a seguir e responda às questões, baseando-se em seu conhecimento do filme ou no que você consegue inferir pelo contexto.

Iris: Hello?
Graham: So are you ever coming home?

Iris: Oh, my God. Hi.

Graham: How's it going?

Iris: Great. I met a really nice guy.

Graham: See? And you said you'd never. What's he like?

Iris: He's really cute. I feel great when I'm with him, which is an entirely new experience. And he's about 90 years old.

Graham: Come on.

Iris: He's my next-door neighbor. Or Amanda's next-door neighbor. By the way, you should go meet her.

Graham: Yeah. I have, actually.

Iris: Oh, bugger. Call waiting. Can you hold for a sec? Hold on. I really wanna talk to you.

Graham: Sure.

Iris: Hello.

Amanda: Iris, hi, it's Amanda.

Iris: How are you? How's it going?

Amanda: Everything's going great. How are you?

Iris: Oh, I'm loving it. Listen, can you hold for a sec? My brother's on the other line.

Amanda: Graham?

Iris: Yes. He said you met.

Amanda: Yes, we did meet. How is he?

Iris: Fine, I think. Can you just hold on for a sec?

Amanda: Sure.

Iris: Hi, sorry. That was Amanda.

Graham: How did she sound? How is she doing?

Iris: She just asked me how you are.

Graham: And what did you say?

Iris: I asked her to hold. Can I call you back?

Graham: I can hold while you speak to her.

Iris: Really?

Graham: Find out how she is.

Iris: Okay. My brother wants to know how you are.

Amanda: Can you tell him that I'm good and that I'm just taking Charlie for a walk in the village. What's he been up to? Did he say?

Iris: I'm not sure. Do you want me to ask him?

Amanda: Sure.

Iris: Okay. Hold, please. I can't believe that you have had sex with the woman staying in my house!

Amanda: He told you that?

Iris: Oh, my God!

Amanda: Oh, my God!

Iris: Oh, my God. I thought I was talking to Graham! Can you just hold, please? I'm terribly sorry. I can't believe you had sex with Amanda! The one thing she asked me was: "Are there any men in your town?". And I assured her that there were not. And then you meet her and immediately get into her knickers!

Amanda: Still me.

Iris: Bollocks! I must have lost him. Amanda, I am so sorry. Can I call you back?

Amanda: Sure.

Iris: Okay, bye.

(Filme: *O amor não tira férias*)

a. Qual é o relacionamento entre os personagens?

____

____

____

____

____

b. Por que Amanda e Graham fazem perguntas a Iris um sobre o outro em vez de conversarem diretamente?

____

____

____

____

____

4. Leia novamente a mesma cena e observe como as falas da atividade 3 foram relatadas. Que palavras demonstram os padrões usados? Repare que não é necessário relatar cada detalhe da conversa.

____

____

____

____

____

Capítulo 2

Gramática

Os significados expressos pelos usos de *like* e *as*, *make* e *do*, *Simple Past* e *Present Perfect*, e *will* e *going to* procuram mostrar a relação que há entre a linguagem e as atividades sociais nas quais são utilizados.

1. *like* ou *as*?

Usa-se *like* e *as* para falar sobre pessoas, coisas ou ações que se parecem. Então por que às vezes só podemos usar *like* e às vezes só podemos usar *as*?

Exemplos

A *like*

1. ***Officer Edith:*** Sorry, Mr. Fredricksen. You don't seem **like** a public menace to me. Take this. The guys from Shady Oaks will be by to pick you up in the morning, okay?
(Filme: *Up: altas aventuras*)

2. ***Grandma Annie:*** She was a lot **like** you. Tough. Wouldn't take "no" for an answer. She was good for him. I want you to have it.
(Filme: *A proposta*)

3. ***Sophie:*** Always, if I got too nervous I had to put my head out of the window not to be sick. Sauniere used to say I was **like** a dog. A cute dog. You know, a little dog.
(Filme: *O código Da Vinci*)

4. ***Ahkmenrah:*** So Crazy Hair here, he sang. Oh, did he sing! **Like** a canary.
(Filme: *Uma noite no museu 2*)

5. ***The President:*** Even if something **like** that really did exist, why do you think I would actually just give it to you?
(Filme: *A lenda do tesouro perdido: livro dos segredos*)

B *as*

1. ***Snap-dragon:*** Aha! Just **as** *I suspected*! She is nothing but a common mobile vulgaris!
   (Filme: *Alice no país das maravilhas*)

2. ***Langdon:*** Now, **as** *you would imagine*, the female symbol is its exact opposite.
   (Filme: *O código Da Vinci*)

3. ***Gandalf:*** Do **as** *I say*!
   (Filme: *O senhor dos anéis: a sociedade do anel*)

4. ***Jedediah:*** Octavius, remember me **as** *I was*, wild, and free, and...
   (Filme: *Uma noite no museu 2*)

5. ***Frollo:*** It was my duty, horrible **as** *it was*. I hope you can forgive me.
   (Filme: *O corcunda de Notre-Dame*)

6. ***Dumbledore:*** What you're looking at are memories. In this case, pertaining to one individual, Voldemort, or **as** he was known then, Tom Riddle.
   (Filme: *Harry Potter e o enigma do príncipe*)

> Pode-se dizer, então, que *as* funciona como uma conjunção, ligando duas frases, e *like*, como preposição. Há diversos casos em que *as* é usado antes de nomes, pronomes e substantivos, assim como *like*. Prefere-se empregar *as* antes dessas palavras quando se refere ao trabalho ou à função de alguém em uma empresa ou ao uso ou à qualidade de algo.

1. ***Leonard:*** Okay, don't take this **as** a criticism, but you kind of have that overexposed-to-gamma-rays thing going on.
   (Série: *Big bang: a teoria 2.12*)

2. ***Coop:*** Relax, he's very discreet. He's got a perfectly legitimate day job **as** a cover.
   (Filme: *Duplex*)

3. ***Penny:*** Well, you know, it's the Cheesecake Factory. People order cheesecake, and I bring it to them.

Leonard: So, you sort of act **as** a carbohydrate delivery system.

(Série: *Big bang: a teoria 1.02*)

4. ***Larry:*** I feel that, **as** head of the tenure committee, I should tell you this, though it should be no cause for concern. You should not be at all worried.

(Filme: *Um homem sério*)

5. ***Jay Leno:*** You know, don't take this wrong, I... I just don't see you a... **as** a mom, somehow... I don't mean that, I don't mean that bad...

(Série: *Friends 1.11*)

- Também se usa *as* antes de expressões que começam com preposições.

1. ***Henry:*** You talk just like her, you know.

Daphne: **As** in too much?

(Filme: *Tudo que uma garota quer*)

2. ***Howard:*** In romance, **as** in show business, always leave them wanting more.

(Série: *Big bang: a teoria 3.09*)

3. ***Rachel:*** Mrs. Mrs. Gobb?

Julie: No Cobb, **as** in cobb salad.

(Série: *Friends 2.04*)

4. ***House:*** Night terrors, yeah? **As** in big scary monsters?

(Série: *House 1.02*)

5. ***Indy:*** This is it. We found it! Look, the engraving on the shield. It's the same **as** on the Grail Tablets. The shield is the second marker!

(Filme: *Indiana Jones e a última cruzada*)

Atividades

1. Complete a tabela.

like	*a public menace*

as	*I suspected*

2. Complete a regra.

- Tende-se a usar *as* quando as palavras à sua direita são ______________ __________ seguidos de verbo, ou seja, uma frase, com sujeito e verbo.
- Tende-se a usar *like* quando as palavras que estão à sua direita são ___ ____.

3. Complete as falas a seguir com *as* ou *like*.

a. ***Harry Potter:*** This connection between me and Voldemort. What if the reason for it is that I am becoming more __________ him?

(Filme: *Harry Potter e a ordem da fênix*)

b. ***Blanche:*** We're not cool __________ you, right? So we don't matter.

(Filme: *Recém-chegada*)

c. ***Jack Sparrow:*** Gentlemen... my lady... you will always remember this __________ the day you almost caught Captain Jack Sparrow.

(Filme: *Piratas do Caribe: a maldição do Pérola Negra*)

d. ***Carol:*** We're erm, we're getting married.

Ross: __________ in, "I now pronounce you wife and wife" married?

(Série: *Friends 2.11*)

e. ***Rachel:*** You still think of it __________ your apartment, don't you?

(Série: *Friends 2.03*)

f. ***Penny:*** I provide the same services __________ a secretary.

(Filme: *Mais estranho que a ficção*)

g. ***Shaggy:*** Sure. As long as you define "okay" ________ "in massive agony".

(Filme: *Scooby-Doo 2: monstros à solta*)

h. ***Karen:*** Like watching me __________ a vulture, because the publishers think I have writer's block, right?

(Filme: *Mais estranho que a ficção*)

i. ***William:*** Would you like something to nibble? Apricots soaked in honey. Quite why, no one knows, because it stops them tasting of apricots, and makes them taste __________ honey, and if you wanted honey, you'd just buy honey, instead of apricots, but nevertheles, there we go... yours if you want them.

(Filme: *Um lugar chamado Notting Hill*)

j. ***Lloyd:*** Why would you wanna be an agent? I mean, lab guys __________ us, analysts __________ you, we're the real soldiers.

(Filme: *Agente 86*)

k. ***Luke:*** We're in Connecticut. It gets freezing here same ______ in New York.

(Série: *Tal mãe, tal filha 3.14*)

l. ***Georgia:*** Okay, maybe you're not the God, but maybe you're a Greek god. __________ Zeus or Apollo.

(Filme: *Falando grego*)

m. ***Jack Sparrow:*** Will strikes a deal for these and upholds it with honor. Yet you're the one standing here with the prize. Full pardon, commission __________ a privateer on behalf of England and the East India Trading Company.

(Filme: *Piratas do Caribe: o baú da morte*)

n. ***Nancy:*** A duplex?! __________ in two floors for the price of one!

(Filme: *Duplex*)

2. *make* ou *do*?

Exemplos

A *do*

Usa-se o padrão *be going to do it* para falar sobre algo que foi mencionado anteriormente, sem especificá-lo.

1. ***Elephant:*** To hear him talk, you'd think he **was going to do it.**
Ring master: ... but a living, breathing...

(Filme: *Dumbo*)

2. ***Cole:*** **You're going to do it**, aren't you?

Amber: Of course I'm **going to do it**.

(Série: *House 4.08*)

Outros usos de *do*

- Fazer exames médicos.

1. ***Chase:*** You have to sedate a patient **to do a colonoscopy**.

House: Why? Just because of the pain?

(Série: *House 2.18*)

- Falar sobre atividades indefinidas às quais se faz referência com palavras como *things, nothing, something, anything, everything* e *what.*

1. ***Elsa:*** It's lucky I don't do **things** the same way. You'd still be standing at the Venice pier.

(Filme: *Indiana Jones e a última cruzada*)

- Falar sobre trabalho ou atividades.

1. ***Dean:*** So you'll come home, **do homework** all weekend, then leave.

Rory: No, I can **do** my **homework** during the week or on the train coming home to see you, who I will spend my weekends with not **doing homework**.

(Série: *Tal mãe, tal filha 3.03*)

2. ***Tony:*** You know what? I was naive before, when they said: "here's the line, we don't cross it, this is how we **do business**". If we're double-dealing under the table... are we?

(Filme: *O homem de ferro*)

- Em situações informais quando se pretende falar sobre atividades contínuas.

1. ***Louis:*** That's great, I'll tell everybody you're coming. We're gonna play Twister and we're gonna **do some break dancing**. Hey, let me in...

(Filme: *Os caça-fantasmas*)

2. ***Dawn:*** Buffy called. She said she was going straight from the Magic Box to **do some patrolling**.

(Série: *Buffy: a caça-vampiros 6.10*)

- Com o verbo *have* e a preposição *with*, formando a expressão *have to do with* para mostrar que algo tem relação com algo mais.

1. ***Margaret:*** What relevance a... a ball in a net or a fruit roll-up or a pop-tart **has to do with** my relationship with Andrew? I... I mean if you ask...

(Filme: *A proposta*)

B *make*

Usa-se o padrão *be going to make it* para dizer que alguém conseguirá executar a ação e obterá sucesso. No entanto, este tipo de frase aparece com mais frequência na forma negativa, significando "não conseguir fazer algo".

1. ***Marilyn:*** Where is Brad?
Kate: He**'s not going to make it**. If it's all the same...

(Filme: *Surpresas do amor*)

2. ***Mary Jane:*** Hurry! I can't. I can't do it.
Spiderman: Hang on, Mary Jane!
Green Goblin: He**'s not gonna make it**. He's gonna make it! It's time to die.

(Filme: *Homem-aranha*)

Outros usos de *make*

- Quando se refere à ideia de construir, elaborar ou criar.

1. ***Jeebs:*** Erm, I used the exhaust once to **make** some **hot-air popcorn**, that's about it.

(Filme: *Homens de preto 2*)

2. ***Hughes:*** Why the hell not? The damn thing is a flying boat, right? What do they use to **make boats** out of?

(Filme: *O aviador*)

- Após a palavra *sense* para dizer que algo faz sentido.

1. ***Jessica:*** There's no way. He's so skinny. It doesn't **make sense**.
Angela: Totally. Yeah.

(Filme: *Crepúsculo*)

- Com as palavras *way* e *for*, significando "abrir caminho ou espaço".

1. ***Blackney:*** Oh! Less of that cheek, Davies. Take your neck clothes and put them round your right upper arm.
   Tom: **Make way for** the captain.
   (Filme: *Mestre dos mares*)

- Com a palavra *for*, significando "conseguir chegar a um lugar".

1. ***Háma:*** By order of the king, the city must empty. We **make for** the refuge of Helm's Deep. Do not burden yourselves with treasures. Take only what provisions you need.
   (Filme: *O senhor dos anéis: as duas torres*)

- Com a palavra *sure*, significando "certificar-se de algo".

1. ***Julien:*** When the New York Giants wake up, we will **make sure** that they wake up in paradise.
   (Filme: *Madagascar*)

C *make; do*

Usa-se *do / make* + pronome possessivo + *own* + substantivo para enfatizar uma ação realizada pelo próprio sujeito.

1. ***Rory:*** I'm sorry. I'll do another load tonight, I promise.
   Lorelai: Never mind. I'll **do my own laundry**.
   (Série: *Tal mãe, tal filha 1.07*)

2. ***Bart:*** Here's your stupid homework.
   Lisa: Ooh. Phonics, functions, vocabulary,... remedial reading? Oh, **do your own homewor**k, Bart!
   (Série: *Os Simpsons 2.16*)

3. ***Kat:*** I want to go to an East Coast School. I want you to trust me to **make my own choices** and I want you to stop trying to control my life just because you can't control yours.
   (Filme: *10 coisas que eu odeio em você*)

4. ***Hagrid:*** And then he died, just when I started school, so I sort of had to make **my own way,** as it were... but enough of me! What about you?
   (Filme: *Harry Potter e o cálice de fogo*)

Usa-se *do something* para expressar o pedido de ação imediata. Nesse uso, o padrão pode ser seguido de uma pergunta ou de uma frase no imperativo.

1. ***Umbridge:*** Do you know who I am?
Harry Potter: Leave him alone. It's not his fault.
Hermione: No, he doesn't understand.
Umbridge: Potter, **do something**. Tell them I mean no harm.
(Filme: *Harry Potter e a ordem da fênix*)

2. ***Vanessa:*** Have you ever felt like you were just born to **do something**?
Mac: Yes. Heating and air conditioning.
(Filme: *Juno*)

Usa-se *make something* para expressar ideia de conseguir ou criar/compor algo. Este padrão costuma ser sucedido por um substantivo, pronome ou verbo e é mais comum em frases afirmativas.

1. ***Rodney:*** No, Piper, you stay here.
Piper: No way.
Manivela: Let's be honest. We're headed for a huge butt-whupping. Whatever happens to us, **make something** of yourself. You're the only thing I've got to leave behind.
(Filme: *Robôs*)

2. ***Daphne:*** I finally realize that that is enough.
Henry: You know, Daphne, maybe we're just trying to **make something** work here... which, which isn't.
(Filme: *Tudo que uma garota quer*)

3. ***Po:*** Wait wait... it's just plain old noodle soup? You don't add some kind of special sauce or something?
Po's Dad: Don't have to. To **make something** special, you just have to believe it's special.
(Filme: *Kung fu panda*)

É interessante lembrar que *do* tende a indicar a realização de uma ação enquanto *make* tende a sugerir a produção de algo. No entanto, a maneira mais prática de aprender sobre seus usos é observar que ambos os verbos combinam-se com palavras específicas. Por exemplo, diz-se *make a choice*, mas não *do a choice*. Diz-se *do damage*, mas não *make damage*.

Atividades

1. Complete os diálogos a seguir usando *do* ou *make*.

a. ***Captain:*** Anton, start the engine.

Anton: Aye, aye, captain. Full reverse. Too fast, Captain! We're not gonna __________________ it.

Computer voice: Distance to impact: 50 meters.

(Filme: *2012*)

b. ***Chris:*** Roman asked for me and he's going to get me. We're going to ______ ________________ it my way or I walk. I got no truck with leaving you with this.

(Filme: *A negociação*)

c. ***Jeremy:*** You don't have to apologise for me.

Tracy: That means you're going to _____________ it for yourself?

Jeremy: I got nothing to apologise for.

(Série: *House 3.05*)

d. ***Sophie:*** I can't do this by myself.

Robert: I'm in enough trouble as it is. That's my embassy.

Sophie: Please.

Robert: Even if we could get out of this...

Sophie: Okay.

Robert: No, no, no. You're not gonna _____________ it. You're not gonna __________ it.

(Filme: *O código Da Vinci*)

2. Traduza as palavras entre parênteses para o inglês a fim de completar os diálogos apropriadamente e de acordo com seu significado.

a. ***Josh:*** No, don't do this. Don't pressure him into this.

Chris: François, you have to (tomar suas próprias decisões) ____________ ______________________________ on this.

François: Your father would've done it for me, so, yes, I'll come.

(Filme: *Linha do tempo*)

b. ***Andre:*** You know what I like to say.

Chris: Yeah, I know, I know. "You (faz sua própria história) ______________ ____________________________."

Andre: Do I say it that often?

Chris: Yeah, all the time.

(Filme: *Linha do tempo*)

c. *House:* Well, you're going to be. Are you smiling?
Foreman: No.
House: (Faça sua própria biópsia idiota) ______________________________
______________________.

(Filme: *House 4.05*)

d. *Sheriff:* We see this kind of thing all the time. Kids come up here, get baked, (fazem sua própria versão) ______________________________ ____________ of the Blair Witch Project.
Bones: I don't know what that means?

(Série: *Bones 1.04*)

3. Sublinhe o verbo (*make* ou *do*) que melhor completa as seguintes frases:

a. *Yinsen:* Is this the last act of defiance of the great Tony Stark? Or are you going to **do / make** something about it?
Tony Stark: Why should I do anything? They're gonna kill me, you... either way, if they don't, I'll probably be dead in a week.

(Filme: *Homem de ferro*)

b. *Logan:* Far from it, I just have to go. I have to meet with my faculty advisor and convince her that this is the year I'm finally going to **do / make** something of myself.
Rory: Well, don't tell her about the cheese-rolling incident. She'll never believe you.

(Série: *Tal mãe, tal filha 6.03*)

4. Escreva como *do* ou *make* estão sendo usados, referindo-se às explicações apresentadas neste capítulo. Um exemplo é dado a você.

Exemplo:

Logan: You want a walk back to your car?
Rory: No, I think I can **make it** by myself.

(Série: *Tal mãe, tal filha 6.03*)

- *Conseguir executar uma ação.*

a. *Simon:* Uh-huh. Did you erm... did you **do something** to him?
Melvin: Do you realize that I work at home?
Simon: Erm no, I was unaware.

(Filme: *Melhor é impossível*)

____

____

b. *Sam:* I didn't. I still wanna find Dad. And you're still a pain in the ass. But, Jess and Mom, they're both gone. Dad is God knows where. You and me. We're all that's left. So, erm if we're gonna see this through, we're **gonna do it** together.

(Série: *Sobrenatural 1.11*)

____

____

c. *Adrian:* Jackson, we're sealed off. We can't get to you! There's something blocking the hydraulics. If you can't get it out, none of us are **gonna make it**.

(Filme: *2012*)

____

____

d. *Deeds:* Anderson, what's up, buddy? I was dreaming about Frosties all last night. You?

Anderson: I tried to **make my own** at home but it just wasn't the same.

(Filme: *A herança de Mr. Deeds*)

____

____

e. *Logan:* Far from it, I just have to go. I have to meet with my faculty advisor and convince her that this is the year I'm finally going **to make something** of myself.

Rory: Well, don't tell her about the cheese-rolling incident. She'll never believe you.

(Série: *Tal mãe, tal filha 6.03*)

____

____

3. *Simple Past* ou *Present Perfect*?

Exemplos

A Pensando no passado *vs.* pensando no presente

- O *Simple Past* remete ao passado.

1. *Casey:* I'm so stupid. I **ignored** your advice. I went on that date.

(Filme: *Hitch: o conselheiro amoroso*)

- O *Present Perfect* remete a uma situação presente. Pensa-se no passado e no presente juntos ou há uma consequência no presente.

1. ***Mike:*** Ever since that kid came in you**'ve ignored** everything I've said and now look where we are!

    (Filme: *Monstros S.A.*)

B Tempo indefinido *vs.* tempo definido

O *Simple Past* é sempre usado quando o tempo é definido ou mencionado.

1. ***Dean:*** Feels good to get back in the saddle, doesn't it?

    Sam: Yeah. Yeah, it does. But it doesn't change what we **talked** about **last night**, Dean.

    Dean: We **talked** about a lot of things **last night**.

    (Série: *Sobrenatural 2.11*)

- Geralmente usa-se o *Present Perfect* quando o tempo não é mencionado ou quando o tempo é indefinido. Observe, no entanto, que o *Simple Past* também pode ser usado quando ambos os falantes sabem quando a ação ocorreu, mas optaram por não explicitar o tempo em sua fala.

1. ***Nina:*** Well. So have you two given any thought to what kind of wedding you want?

    Annie: Well, we**'ve talked** about it.

    Nina: Yes, and what do you think? Big? Small?

    (Filme: *O pai da noiva*)

2. ***Lilli:*** Daddy, when will we go back home?

    Jackson: Well, we **talked** about that. We're gonna find a new home out here somewhere, right?

    (Filme: *2012*)

C Acontecimentos concluídos no passado *vs.* acontecimentos que continuam no presente

- O *Simple Past* é usado para falar sobre acontecimentos que se concluíram.

1. ***Sarah:*** I'm not sure I actually understood a lot of what he said.

    Carol: Doesn't matter. He **spoke**. And are we talking full sentences here or just grunting?

    Sarah: He's quite emotional, I know more about him than Kevin.

    (Filme: *Procura-se um amor que goste de cachorros*)

- *Simple Past* (*for*)

1. ***Ross:*** Look, Chandler, Monica is really weird about this kind stuff all right. Believe me, I **lived** with her **for 16 years**. She is going to freak out. Oh my God, she's going to sit on you.

   (Série: *Friends 6.07*)

   * Ross não mora mais com Monica.

- *Simple Past* (*how long*)

1. ***Dr. Fieldstone:*** Good. **How long ago** did your wife **die**?
   Sam: It's been about a year and a half.

   (Filme: *Sintonia de amor*)

- O *Present Perfect* é usado quando a situação continua acontecendo até o momento, como se observa a seguir.

1. ***Greg:*** Hey, how did your dad react to the pregnancy news?
   Pam: Well, just as you'd expect. He slept in the RV. He **hasn't spoken** to anyone **since** last night.

   (Filme: *Entrando numa fria maior ainda*)

- *Present Perfect* (*for*)

1. ***Ross:*** No no, it's not that, it's just... I I just moved in.
   Steve: Well, the guy**'s worked** here **for 25 years**.
   Ross: Yes, but I**'ve lived** here **for 25 minutes**.

   (Série: *Friends 5.15*)

- *Present Perfect* (*how long*)

1. ***Nathan:*** **How long have** you **known** Seth?
   Maggie: Not very long. But I feel like **I've known** him forever.

   (Filme: *Cidade dos anjos*)

Outros usos do *Present Perfect*

1. ***Cam:*** He**'s done** very well **so far**.

   (Série: *Bones 4.07*)

2. ***Emma:*** I **have lived** in Boston **my entire life**, and I **have always dreamed** of living here.

   (Filme: *Casa comigo?*)

3. *Mike:* Sulley, I'd like to think that, given the circumstances, I **have been** extremely forgiving **up to now** but that is a horrible idea!

(Filme: *Monstros S.A.*)

D Acontecimentos recentes e notícias

- O *Present Perfect* é comumente usado quando se fala sobre um passado recente.

1. *Lovejoy:* **I've found** her, on the other side. Waiting for a boat with him.

(Filme: *Titanic*)

- Quando se dá uma notícia, comumente também se usa o *Present Perfect*, mas, na continuação da conversa, usa-se o *Simple Past*.

1. *Lipson:* Ahh, I'm afraid I have some bad news. Marcel **has passed on**.
Ross: Oh my God, what **happened**?
Lipson: Well he **got** sick, and then he **got** sicker, and then he **got** a little better but then he **died**.
Ross: I can't believe this.
Lipson: I'm sorry Mr. Geller. But you know, there's an old saying, "Sometimes monkeys die." It's not a great saying but it certainly is fitting today.

(Série: *Friends 2.13*)

Atividades

1. Relacione os três trechos de diálogos às situações a seguir.

a. *Richard:* Wow. You know we're back where we were. Honey, I would love to do all that, but nothing's changed.
Monica: That's not true, you don't have a moustache.
Richard: Okay, okay, one thing's changed. But we still want different things and we know how this is gonna end.

(Série: *Friends 3.13*)

b. *Andrew:* Three days ago I loathed you. I used to dream about you getting hit by a cab. Or poisoned.
Margareth: Oh, that's nice.
Andrew: I told you to stop talking. Then we had our little adventure up in Alaska and things started to change. Things changed when we kissed. And when you told me about your tattoo.

(Filme: *A proposta*)

c. ***Fiona:*** That's not my husband. I mean, look at him.

Father: Yes, he is a bit different, but people change for the ones they love. You'd be surprised how much I changed for your mother.

Fiona: Change? He's completely lost his mind!

(Filme: *Shrek 2*)

( ) A pessoa está falando sobre uma mudança que ocorreu em um passado recente.

( ) A pessoa está falando sobre uma mudança que ocorreu ao longo da vida.

( ) A pessoa está falando sobre uma mudança que ocorreu em um momento específico.

2. Escolha a estrutura que considerar mais adequada e justifique suas respostas. Você pode escolher as duas.

Exemplo:

Polly: Well no, it's fascinating, I'm actually, I just I've learned / I learned a lot about myself. I've learned / I learned that I have no career, I'm flaky, I like ethnic food?!

(Filme: *Quero ficar com Polly*)

Ela está se referindo ao momento presente, dizendo que tem conhecimento, e não somente sobre algo que ocorreu no passado.

a. ***Iris:*** You know, I hope you don't find this strange... but I've just arrived / I just arrived here, and, well, I don't really know anyone. And I was thinking of going out for dinner tonight. Well, if you're not busy, would you like to join me?

(Filme: *O amor não tira férias*)

____

____

____

b. ***Mary:*** I... I smell children, but I... I don't see children. I... I lost / I've lost my power!

(Filme: *Abracadabra*)

____

____

____

c. *Lucy:* I've spoken / I spoke to the employees and the plant foreman. And they are very engaged in the process.

(Filme: *Recém-chegada*)

---

3. Assista à cena ou leia o trecho transcrito do filme a seguir. Depois responda às questões.

Amelia: So, how long have you guarded antiquities?
Larry: What? Oh, no, I don't actually work at the...
Amelia: I just thought with the fancy getup and all...
Larry: No, I borrowed this. I mean, I was a guard back in New York, but that was a while ago.
Amelia: So why did you leave? Did you not enjoy it?
Larry: No, I loved it. I just... Things sort of took off in a different direction, so...
Amelia: So what do you do now?
Larry: Well, I sort of... Well, I sort of design products and sell them.
Amelia: You're an inventor!
Larry: I am. I am an inventor, yeah. I invent stuff.
Amelia: Like the rocket ship?
Larry: No.
Amelia: The sea plane. The dirigible?
Larry: No, not aircraft. Sort of like more small-scale stuff, like... Well, the Glow-in-the-Dark Flashlight, that was mine.
Amelia: So this new job, do you like it?
Larry: Yeah, I like it a lot. It's exciting. It's... What?
Amelia: I'm just confused, is all. If you're not excited by it, why do you do it?
Larry: I am excited by it. I just said...
Amelia: I know what you said, Mr. Daley, but what I see in front of me is a man who's lost his moxie.
Larry: I have not lost my... I got my moxie.
Amelia: Do you know why I became a pilot?
Larry: I don't, no.
Amelia: For the fun of it. Why else would anyone do anything?

(Filme: *Uma noite no museu 2*)

a. Amelia puxa conversa com Larry enquanto eles esperam. O que ela diz?

____

____

____

b. Ela acha que ele trabalha em quê? Como percebemos que ela sabe sobre isso?

____

____

____

c. Por que Larry usa o *Simple Past* quando explica sua ocupação nas falas seguintes?

____

____

____

4. **Sublinhe no trecho transcrito do filme na atividade 3 os usos de *Simple Past* e *Present Perfect*.**

5. **Amelia e Larry poderiam usar as seguintes estruturas? Por quê?**

a. *I've borrowed this* ao invés de *I borrowed this.*

____

____

____

b. *I've been a guard* ao invés de *I was a guard.*

____

____

____

c. *Have you not enjoyed it?* ao invés de *Did you not enjoy it?*

____

____

____

d. *I know what you've said* ao invés de *I know what you said.*

____

____

____

6. **Por que Amelia diz *what I see in front of me is a man who's lost his moxie*? E por que ela usa o *Present Perfect* nesse caso?**

____

____

____

____

4. *will* ou *going to*?

Observe os usos de *will* e *(be) + going to* no diálogo a seguir.

1. *Jeanie:* Oh, you are in trouble.
Michelle: You are never **going to** pull this off.
Andie: Watch me. Tonight, I'**ll** hook a guy. Tomorrow, pull the switch. Before the ten days are up I'm **going to** have this guy running for his life.
Jeanie: You're not **going to** burn his apartment down or bite him or anything, are you?
Andie: No! I'm **going to** limit myself to doing everything girls do wrong in relationships. Basically, everything we know guys hate. I'**ll** be clingy, needy...
Jeanie: Be touchy-feely.
Andie: Yeah.
Jeanie: Oh, call him in the middle of the night, and tell him everything you had to eat that day.

(Filme: *Como perder um homem em 10 dias*)

Exemplos

A *will*

Will tende a ser usado nas situações em que se faz uma previsão sobre o futuro, sobretudo quando está atrelado a suposições. Em situações que envolvam promessas e ameaças, seu uso também é frequente, às vezes sucedido da conjunção *if*. Na língua oral, *will* tende a ser mais frequente, alguns usos dele são:

- A combinação com um tempo verbal presente em orações condicionais em que há o uso da conjunção *if* e a indicação do resultado de uma ação.

1. *Bill Jr.:* I have no idea, but **if** you're interested, I'**ll** Google him.

(Filme: *Procura-se um amor que goste de cachorros*)

2. *Lucy:* Well, I'm interested in the jobs we'll create. **If** you're not, that's fine, but still I'**ll** expect you to implement the production changes in a timely manner, okay?

(Filme: *Recém-chegada*)

- O início de orações interrogativas, quando o falante pede informações ou quando se fazem pedidos.

1. *Ethan:* Pull over and listen to me, **will you?** Just listen.

(Filme: *Missão impossível 2*)

2. *Mrs. Wilson:* Take care of her, **will you?**

(Filme: *Assassinato em Gosford Park*)

3. *Maurice:* Yes, yes. **Will** you help me?

(Filme: *A bela e a fera*)

4. *Julia:* **Will** you hand me my shawl, please?

(Filme: *Pecado original*)

- O anúncio de decisões, seja um pedido em um restaurante ou a recusa de tomar uma decisão, neste caso, sucedido de *not* ou sendo usado na forma abreviada *won't*.

1. *Henry:* Jennings, old boy, I'**ll** have a Bourbon.

(Filme: *Assassinato em Gosford Park*)

2. *Dean:* I guess I'**ll** have to come up with a different movie then.

(Série: *Tal mãe, tal filha 1.07*)

3. *Brennan:* I **won't** go into an office that's ever been used before.

(Filme: *Quase irmãos*)

B *going to*

Going to tende a ser usado nas situações em que se pretende prever o futuro com base em uma evidência presente. Sugere-se que essas previsões, às vezes, estejam relacionadas a eventos que o falante não tem como controlar. Além disso, pode ser usado em situações informais para falar sobre planos. Seu uso pode estar atrelado a um comando, isto é, quando o falante insiste que o ouvinte realize (ou não) alguma ação ou tome (ou não) alguma atitude em um futuro próximo. O padrão *(be) + going to... and* e o uso de *not* são frequentes neste caso.

1. *John Shooter:* You**'re going to** write it for me **and** get it published.

(Filme: *A janela secreta*)

2. *Dana:* I don't care who he is. You**'re not going to** take my baby!

(Filme: *Os caça-fantasmas 2*)

3. *Hauk:* We **are not going to** escalate a whole war just so we can book a big-name comedian!

(Filme: *Bom dia Vietnã*)

Atividades

1. Leia os trechos de diálogos a seguir. Decida se as lacunas devem ser completadas com *will* ou *going to*. Justifique suas escolhas.

a. *Anna's co-actor:* Smile.

Anna: No.

Anna's co-actor: Smile.

Anna: I've got nothing to smile about.

Anna's co-actor: Okay, in about 7 seconds I ___________ ask you to marry me.

(Filme: *Um lugar chamado Notting Hill*)

Justificativa: ____

____

b. *Gandalf:* So, you mean to go through your plan, then.

Bilbo: Oh, yes, yes. It's all in hand. All the arrangements are made. Oh, thank you.

Gandalf: Frodo suspects something.

Bilbo: Course he does. He's a Baggins! Not some block-headed Bracegirdle from Hardbottle.

Gandalf: You ___________ tell him, ___________ you?

Bilbo: Yes, yes.

(Filme: *O senhor dos anéis: a sociedade do anel*)

Justificativa: ____

____

c. ***Richards:*** Could you drop the force field, please?

Sue: We can't even... sorry. We can't even have a wedding without it turning into World War III.

Richards: I know. But once we are married everything _______________ be back to normal.

Sue: We will never have normal lives as long as we do what we do. How could we possibly raise a family like this?

Richards: I _____________________________________ go check on Johnny.

(Filme: *O quarteto fantástico e o surfista prateado*)

Justificativa: ____

____

2. **Assista à cena do filme e leia o trecho do diálogo a seguir, sublinhando os padrões utilizados para:**

a. indicar um plano ou intenção;

b. indicar um desejo ou uma promessa.

Miranda: Am I reaching for the stars here?

Emily: No.

Miranda: Not really. Also, I need to see all the things that Nigel has pulled for Gwyneth's second cover try. I wonder if she's lost any of that weight yet. Who's that?

Emily: Nobody. Erm, uh, well, human resources sent her up about the new assistant job, and I was sort of preinterviewing her for you. But she's hopeless and totally wrong for it.

Miranda: Well, clearly I'm going to have to do that myself because the last two you sent me were completely inadequate. So send her in. That's all.

Emily: Right. She wants to see you.

Andy: Oh! She does?

Emily: Move! This is foul. Don't let her see it. Go!

Andy: That's...

Miranda: Who are you?

Andy: Erm, my name is Andy Sachs. I recently graduated from Northwestern University.

Miranda: And what are you doing here?

Andy: Well, I think I could do a good job as your assistant. And, erm... Yeah, I came to New York to be a journalist and sent letters out everywhere and then finally got a call from Elias-Clarke and met with Sherry up at human resources. Basically, it's this or Auto Universe.

Miranda: So you don't read Runway?

Andy: Uh, no.

Miranda: And before today, you had never heard of me.

Andy: No.

Miranda: And you have no style or sense of fashion.

Andy: Well, erm I think that depends on what you're...

Miranda: No, no. That wasn't a question.

Andy: Erm, I was editor in chief of the Daily Northwestern. I... I also, erm won a national competition for college journalists with my series on the janitors' union, which exposed the exploitation of...

Miranda: That's all.

Andy: Yeah. You know, okay. You're right. I don't fit in here. I am not skinny or glamorous and I don't know that much about fashion. But I'm smart. I learn fast and I will work very hard.

(Filme: *O diabo veste Prada*)

3. Complete as falas a seguir com *will* ou *(be) going to* e um verbo do quadro a seguir.

die / end / fail / forget / make / quit

a. ***Bella:*** Some say the world ______________________ in fire, some say in ice. From what I've tasted of desire I hold with those who favor fire. But if I had to perish twice, I think I know enough of hate to say that for destruction ice is also great. It would suffice.

(Filme: *A saga crepúsculo: eclipse*)

b. ***Ronnie:*** Going somewhere?

Harry: Nobody else ______________________. Not for me.

Ronnie: For you? You think Mad-Eye died for you? Think George took that curse for you? You may be the chosen one, mate, but this is a whole lot bigger than that. It has always been bigger than that.

(Filme: *Harry Potter e as relíquias da morte – Parte 1*)

c. ***Jack Fuller Sr.:*** Ten-nine. This is it, Jack.

Jack: You know what? This is ridiculous.

Jack Fuller Sr.: You know what? That's your problem. You can't handle the pressure. As soon as you think you ______________________, you quit. Game over, Jack. Don't get me wrong. You're like a son to me.

Jack: Dad, I am your son.

Jack Fuller Sr.: Yeah, and it's time to cut the cord.

(Filme: *Jogo de amor em Las Vegas*)

d. ***Charlie:*** Do you remember what you were doing in the summer of 1957?

Lorenzo: The summer of 1957 I ____________ never ___________. I met the most beautiful girl with long blonde hair.

(Filme: *Cartas para Julieta*)

e. ***William:*** Hon, this is Anna. Anna, this is Honey. She's my baby sister.

Anna: Oh. Hi.

Honey: Oh, God. This is one of those key moments in life when it's possible you can be really genuinely cool and I... I ______________________ just a hundred percent. I... I absolutely, totally and utterly adore you. And I just think you are the most beautiful woman in the world. And, more importantly, I genuinely believe, and I've believed for some time now, that we could be best friends. So what do you think?

(Filme: *Um lugar chamado Notting Hill*)

f. ***Tom:*** The point is... I'm messed up. I am. You know, on the one hand, I want to forget her. On the other hand, I know that she's the only person in the entire universe that ____________________________ me happy.

(Filme: *500 dias com ela*)

Capítulo 3

Atividades com filmes e séries de TV na íntegra

A utilização de uma série de TV ou filme completos em atividades didáticas favorece a compreensão do contexto social e a situação dos falantes.

1. *Big Bang: a teoria*

The Big Bran Hypothesis: *episódio 2 da 1ª temporada*

Antes de assistir ao episódio, reflita.

1. A que você acha que o título do episódio se refere e o que as seguintes palavras frequentemente usadas pelos personagens sugerem?

apartment	*box*	*going*	*whispering*
door	*okay*	*furniture*	

____

____

____

____

____

2. Considere suas respostas: quais assuntos os diálogos do episódio envolvem e qual(ais) seria(m) o(s) tipo(s) de interação?
Por exemplo: conversa casual entre amigos, conversa formal entre desconhecidos, conversa menos formal entre conhecidos, etc.

____

____

____

____

____

Cena 1 do episódio (até 00:03:48).

3. Sobre o que os personagens discutiram?

4. Você confiaria em um vizinho para receber suas encomendas?

Assista ao episódio até 00:10:56.

5. A solução escolhida pelos personagens para carregar o móvel foi a mais adequada? Por quê?

6. Sheldon parece ter invadido a privacidade de sua vizinha Penny. Como você reagiria se isso acontecesse com você?

7. O que o incomoda mais: falta de organização ou falta de limpeza?

Small words

8. **Observe as palavras a seguir. Em quais contextos elas poderiam ser usadas? Elas indicam reações positivas, negativas ou neutras? Marque (+), (-) ou (±).**

( ) *Okay*	( ) *Well,...*	( ) *Yeah*
( ) *Oh...*	( ) *See,...*	( ) *Phew*
( ) *Okay, cool*	( ) *Huh...*	( ) *Okay, great*

Cenas 2-4 (de 00:04:12 a 00:10:56).

9. **O que interferiu na sua percepção de as palavras estarem ligadas a reações positivas, negativas ou neutras?**

____

____

____

____

Volte à página 93 e...

10. **Anote exemplos de usos para cada uma das palavras destacadas na atividade 1.**

____

____

____

____

11. **Classifique seus usos de acordo com os tipos de reação que elas indicam (positiva, negativa ou neutra).**

Positiva	Negativa	Neutra

Sarcasm

Cena 5 (de 00:10:57 a 00:14:45).

1. **O diálogo entre Sheldon, Leonard e Penny está repleto de sarcasmo.**

> **sarcasmo**
> *sm (lat sarcasmu)* 1 Ironia ou zombaria mordaz e cruel. 2 Figura de retórica, que consiste em empregar esta espécie de escárnio para afrontar ou ofender pessoas ou coisas.
>
> (Fonte: Verbete "Sarcasmo". Em *Dicionário Michaelis da língua portuguesa*. Disponível em: <http://uol.com.br>. Acesso em: 10 fev. 2014.)

- Procure exemplos em português para identificar como o sarcasmo ocorre.

____

____

____

____

2. **Anote dois exemplos de uso de sarcasmo e os compare.**

____

____

____

____

____

3. **Observe o trecho a seguir:**

Sheldon: I have to say, I slept splendidly. Granted not long but just deeply, and well.

Leonard: I'm not surprised. A well-known folk cure for insomnia is to break into your neighbor's apartment and clean.

Sheldon: Sarcasm?

Leonard: You think?

Sheldon: Granted, my methods may have been somewhat unorthodox, but... I think the end result will be a measurable enhancement of Penny's quality of life.

Leonard: You know what, you've convinced me. Maybe tonight we should sneak in and shampoo her carpet.

Sheldon: You don't think that crosses a line?

Leonard: Yes! For God's sake, Sheldon, do I have to hold up a sarcasm sign every time I open my mouth.

Sheldon: You have a sarcasm sign?

Leonard: No, I do not have a sarcasm sign.

- Grande parte do efeito sarcástico advém da entonação utilizada pelos falantes. No entanto, Leonard parece aplicar duas estratégias: concordar com a fala de Sheldon e fazer uso de palavras com conotação negativa para designar ações que, em outras circunstâncias, seriam positivas. Você consegue identificá-las?

____

____

____

____

Discourse

Cenas 6-9 (de 00:14:46 até o final).

1. **Preste atenção às falas de Penny e de Leonard. Como elas diferem em termos de graus de formalidade?**

____

____

____

____

2. **Observe a fala de Leonard. Em seguida, identifique as colocações e complete o esquema a seguir.**

Leonard: Penny. Just as Oppenheimer came to regret his contributions to the first atomic bomb, so too I regret my participation in what was, at the very least, an error in judgment. The hallmark of the great human experiment is the willingness to recognize one's mistakes. Some mistakes, such as Madame Curie's discovery of Radium, turned out to have great scientific potential even though she would later die a slow, painful death from radiation poisoning. Another example, from the field of Ebola research...

a. *to c____________ t____________ r____________ (something)*

b. *a____________ t____________ v____________ l____________*

c. *an e____________ i____________ j____________*

d. *to r____________ one's m____________*

- A que o título do episódio se refere afinal?

____

____

____

____

2. *Friends*

Aquele com todas as resoluções: *episódio 11 da 5ª temporada*

Antes de assistir ao episódio, reflita.

1. Responda:

a. Como e onde o ano-novo é comemorado em seu país/cidade? O que as pessoas fazem, comem, etc.?

____

____

____

____

b. Quais tipos de resolução as pessoas costumam tomar para o ano que se inicia? Elas são cumpridas ou esquecidas ao longo do ano?

____

____

____

____

c. O que você conhece sobre essa comemoração nos Estados Unidos?

____

____

____

____

2. **O que pode acontecer de constrangedor em um primeiro encontro? Que conselhos você daria para alguém que está/esteve em uma situação dessas? O que você faria para consolá-la após o ocorrido?**

____

____

____

____

____

____

Episódio completo.

3. **Anote as diferentes situações que ele apresenta.**

____

____

____

____

____

____

____

____

4. **Associe as frases às situações apresentadas a seguir.**

a. Festa com todos tomando decisões de ano-novo.
b. Phoebe e Joey fazendo aulas de violão.
c. Rachel e Joey conversam sobre o segredo de Monica e Chandler.

( ) Well, **everyone's gotta** kiss someone.

( ) Every day **I am gonna** do one thing that I haven't done before.

( ) You're **questioning my method**.

( ) *Rachel:* Oh, Joey, I have such a problem!

Joey: Oh well, **you're timing couldn't be better**. I am **putting out fires** all over the place.

5. **O que Joey quer dizer com as expressões no diálogo da atividade 4?**

____

____

____

____

____

____

____

6. **A que tipos de situação as seguintes expressões remetem e quando você as usaria? (Exemplo: *might know something* → conversando sobre saber um segredo.)**

a. *let's just say* → ______________________

b. *if you know what I'm talking about* → ______________________

c. *I can't take it anymore* → ______________________

d. *you're not supposed to* → ______________________

7. **Sublinhe as expressões do exercício 6 no diálogo abaixo e associe cada trecho às situações a seguir.**

a. ***Phoebe:*** Hey everybody, Rachel was so good today. She didn't gossip at all.

Rachel: I didn't! Even when I found out...umm, all right, well let's just say I found something out. Something about someone and let's just say she's gonna keep it.

b. ***Joey:*** Look, I am tired of being the guy who knows all the secrets but can't tell anyone!

Rachel: What? What secrets? You know secrets? What are they?

Joey: And you're not supposed to be gossiping!!

c. ***Rachel:*** Oh, look! Claire forgot her glasses! And she's gonna be really needing these to keep an eye on that boyfriend, who, I hear, needs to keep his stapler in his desk drawer, if you know what I'm talking about.

d. ***Chandler:*** Oh good, okay, I can't take it anymore. I can't take it anymore. So you win, okay? Here! Pheebs? Flying a jet? Better make it a spaceship so that you can get back to your home planet! And Ross, phone call for you today, Tom Jones, he wants his pants back! And Hornswoggle? What are you dating a character from Fraggile Rock?!

( ) Para fazer quem está ouvindo pensar no que está por trás do que você disse.

( ) Quando você não vai revelar os detalhes de algo.

( ) Quando não se aguenta mais uma situação.

( ) Ajudando alguém a manter a decisão de não fazer algo.

Cena* New Year's resolutions. *Siga as instruções a seguir para cada trecho.

Trecho 1 (00:02:08 a 00:03:19).

8. Leia a transcrição e sublinhe as expressões usadas para:

a. tomar uma decisão para o novo ano;
b. falar sobre uma decisão que você acabou de tomar;
c. fazer uma aposta;
d. aceitar uma aposta.

Ross: You know what? I'm gonna go out on a limb and say no divorces in '99!

Rachel: But your divorce isn't even final yet.

Ross: Just the one divorce in '99! You know what, I am gonna be happy this year. I am gonna make myself happy.

Chandler: Do you want us to leave the room, or?

Ross: Every day I am gonna do one thing I have never done before. That, my friends, is my New Year's resolution.

Phoebe: Ooh! That's a good one! Mine is to pilot a commercial jet.

Chandler: That's good one too, Pheebs. Now all you have to do is find a planeload of people whose resolution is to plummet to their deaths.

Phoebe: Maybe your resolution should be to not make fun of your friends, especially the ones who may soon be flying you to Europe for free on their own plane.

Monica: She has a better chance of sprouting wings and flying up your nose than you do of not making fun of us.

Ross: In fact, I'll bet you 50 bucks you can't go the whole year without making fun of us. Eh, you know what, better yet! A week.

Chandler: I'll take that bet my friend. And you know what, paying me the 50 bucks could be the 'new thing you do that day!' And it starts right now!

Trecho 2 (00:03:28 a 00:03:58).

9. Observe como as expressões sublinhadas são usadas e depois complete as frases a seguir com suas próprias ideias.

Joey: All right, my New Year's resolution is to learn how to play guitar.
Ross: Ohh.
Phoebe: Really?! How come?
Joey: Well, you know those special skills I have listed on my résumé? I would love it if one of those was true.
Phoebe: Do you want me to teach you? I'm a great teacher.
Joey: Really? Who-who have you taught?
Phoebe: Well, I taught me and I love me.
Joey: Yeah, that'd be great! Yeah, thanks Pheebs!
Monica: My resolution is to be less obsessed with being neat and clean.
Rachel: Really?
Monica: No! Or something else.

a. *Most people's New Year's resolution is* ____________________.
b. *I'd love it if my friends* __________________________.
c. *You look tired! Do you want me* ______________________?

10. Observe os exemplos a seguir, retirados do episódio e de outros filmes e séries de TV, e responda às perguntas.

Ross: You know what? I'm **gonna go out on a limb** and say no divorces in '99!

(Série: *Friends 5.11*)

Ben: Not panic. Dizzy, chest-breathing, constricting attacks.
Vitti: Yeah, yeah. This guy, he just wants to know what can he do to make it stop?
Ben: Mr. Vitti, I'm going to **go out on a limb** here. I think your friend is you.
Vitti: You, you, you, you got a gift, my friend. You got a gift. Oh yeah. You saw that there was something that I was trying to do and you figured that out. That's why you are who you are. God bless you.

(Filme: *Máfia no divã*)

Booth: I'm going to **go out on a limb** here Sherman and guess you don't get a lot of eligible good looking women coming through town.

(Série: *Bones 1.04*)

Sheldon: You know, I think I may have misjudged this restaurant.
Leonard: No kidding.
Sheldon: I won't **go out on a limb**, but I think we may be looking at my new Tuesday hamburger.
Leonard: Your old Tuesday hamburger will be so broken hearted.
Sheldon: Way ahead of you.

(Série: *The Big Bang Theory 1.05*)

a. Em que situação se usa *go out on a limb*?

____

____

____

____

____

____

____

____

Hardewicke: His wife. You saw her, right? Well, Macy was a bit of a hound, **if you know what I mean**.
Booth: He was sleeping with the pirate queen?

(Série: *Bones 1.18*)

Lumiere: Oh! Would you like a tour?
Cogsworth: Wait a second, wait a second. I'm not sure that's such a good idea. We can't let her go poking around in certain places, **if you know what I mean**.

(Filme: *A bela e a fera*)

b. A que expressão das atividades anteriores podemos relacionar ***if you know what I mean***?

____

____

____

____

____

____

____

3. *Madagascar*

Madagascar

Cena 3 (00:08:39 a 00:24:10).

1. **Associe os animais a seus nomes.**

a. Alex	( ) girafa
b. Glória	( ) hipopótamo
c. Marty	( ) leão
d. Melman	( ) zebra

- Que tipo de relação há entre eles no filme? ___________________________

2. **Observe os grupos de palavras a seguir e responda:**

A. *What are you doing?*
B. *Don't you see that...?*
C. *You guys made me...*
D. *... ever do this again.*

a. Esses grupos de palavras parecem ser usados mais entre amigos e familiares ou em conversas formais? ______________________

b. Em que situações você utilizaria essas estruturas?

( ) bate-papo ( ) palestra ( ) reunião de negócios

A palavra *on* aparece com muita frequência nas falas dos personagens em conjunto com alguns verbos. Quando usada com verbos pode mudar seu significado. No entanto, na maioria dos casos, ela traz uma ideia de continuidade. Observe o uso dessas estruturas em diálogos do filme.

come on

Diálogo 1 (01:01:42 a 01:01:49)

Marty: Wow. I've never heard that one before. Yeah! Go wild, man! **Come on**! Break out the wave!

Diálogo 2 (01:03:31 a 01:03:41)

King Julien: By the power vested in me, by the law of the jungle, blah, blah, blah, blah... Be gone!

Marty: What? **Come on**, do I look like a steak to you?

Alex: Yeah!

be going on

Diálogo 1 (00:57:31 a 00:57:40)

Alex: Where are we? What the heck **is going on**? What is this? Where's the beach?

Gloria: Take it easy.

Melman: Who built a forest?

Diálogo 2 (00:25:18 a 00:25:25)

Marty: Alex! Alex, are you there?

Alex: Marty?

Marty: Yeah! Talk to me, buddy.

Alex: Oh, Marty! You're here!

Marty: What's **going on**? You okay?

hold on

Diálogo 1 (00:50:28 a 00:50:42)

Maurice: **Hold on**, everybody. **Hold on**. I'm just thinking now. I mean, does anyone wonder why the fossa were so scared of Mr. Alex? I mean, maybe we should be scared too. What if Mr. Alex is even worse than the fossa?

Diálogo 2 (01:08:10 a 01:08:16)

Gloria: Whoa! **Hold on** there. You cannot go back there by yourself.

Marty: Aw, come on. I know Alex. When he hears we're rescued, he'll snap right out of it.

work on

Diálogo 1 (00:16:50 a 00:17:00)

Melman: It's Marty. He's gone.

Alex: Gone! What do you mean, "gone"?

Melman: How long has he been **working on** this? Marty! Marty!

Gloria: He wouldn't fit down there.

Diálogo 2 (00:09:38 a 00:09:46)

Marty: Aw, well, now, you guys are just embarrassing me. And yourselves.

Alex: What are you talking about? We **worked on** that all week.

Gloria: Let's go. Let's make a wish, babycakes.

3. **Pensando na ideia de continuidade, que significados têm os verbos que aparecem com *on*?**

   a. *Come on*: ________________________________

   b. *Be going on*: ________________________________

   c. *Hold on*: ________________________________

   d. *Work on*: ________________________________

4. **Complete as lacunas a seguir utilizando alguns dos verbos comuns ao uso de *on*.**

Gloria: Look! It's turning! It's coming back! It's coming back!

Melman: ____________! ____________, baby! Yes, you guys!

Marty: You guys flag down that boat, I'll go get Alex!

Gloria: Whoa! ____________ there. You cannot go back there by yourself.

Marty: Ah, ____________, I know Alex. When he hears we're rescued he'll snap right out of it.

Cena 16 (01:07:54 a 01:08:15), confira sua resposta à atividade.

Cenas 1, 3 e 4: 5a (00:01:29 a 00:01:45), 5b (00:09:01 a 00:11:50) e 5c (00:14:00 a 00:14:50).

5. **Atente ao uso de *come on*. Você diria que esta construção que aparece com frequência no filme expressa:**

   a. chamado para fazer alguma coisa. (   )

   b. encorajamento entre amigos. (   )

   c. continuidade de uma ação. (   )

Exemplos

Observe como os verbos a seguir são usados nos diálogos do filme.

Diálogo 1 (00:02:12 a 00:02:19)

Alex: These aren't even on the shelf yet. Here, check it out, check it out! **Look** at that, ooh, **look** at that. Ooh, **look** at that, it's snowing.

O verbo *to look* usado com *at* tem a função de chamar a atenção de alguém para o que está sendo mostrado: "olhe" ou "veja isto".

Diálogo 2 (00:53:34 a 00:53:43)

Marty: Hey, you all **look** hungry. How would you like some of nature's goodness?

Gloria: You have food?

Pode-se também usar o verbo *to look* com a ideia de "parecer".

Diálogo 3 (00:58:45 a 00:58:52)

Marty: Come on, Alex. **Get** in the groove.

Alex: I haven't eaten in two days. My blood sugar is real low. I just don't have the energy.

Neste contexto, o verbo *to get*, usado com *in*, dá a ideia de entrar ou participar.

Diálogo 4 (00:38:48 a 00:39:04)

King Julien: Maurice, did you see that? He scared the fossa away.

Alex: Come on Gloria.

Gloria: **Get** it! **Get** it! **Get** it!

Melman: That's it! Smack it! Stomp it! Whip it! Whip it good! Where did he go?

O verbo *to get + it* é usado para pedir a alguém que pegue ou capture algo.

Diálogo 5 (00:17:53 a 00:18:21)

Alex: Poor little guy.

Gloria: Melman, come on!

Melman: You **know**, maybe one of us should wait here, in case he comes back.

O verbo *to know* aparece na expressão *you know* para esclarecer uma ideia fornecida anteriormente.

6. **Reflita sobre os usos apresentados nos exemplos. Depois responda:**

a. Qual é o significado de cada verbo nas situações dadas como exemplo?

____

____

____

____

____

____

b. Quais palavras ou expressões mostram uma relação de amizade entre os participantes da conversa?

____

____

____

____

____

____

7. **Classifique as palavras ou grupos de palavras de acordo com seu possível uso.**

a. *To look*
b. *What's going on*
c. *Come on*
d. *Hold on*
e. *Don't you see that...?*
f. *To get in*
g. *You guys...*
h. *You know*
i. *Work on*
j. *What are you doing?*

( ) Usado para falar sobre como algo/alguém parece.

( ) Usado para chamar a atenção de um colega sobre sua ação/atitude.

( ) Usado para pedir que alguém reconsidere uma ideia/opinião; apelo.

( ) Usado para falar sobre o que está sendo desenvolvido ou trabalhado.

( ) Usado para encorajar alguém a fazer algo.

( ) Usado para confirmar se o interlocutor está seguindo/entendendo a conversa.

( ) Usado para perguntar sobre o que está acontecendo.

( ) Usado para pedir que alguém aguarde ou pare de fazer o que está fazendo.

( ) Usado para falar carinhosamente dos amigos e mostrar que está falando sobre mais de um amigo.

( ) Usado para dar a ideia de entrar ou participar.

4. *Meu malvado favorito*

Antes de assistir ao filme, reflita.

1. **Como esses grupos de três palavras podem ajudá-lo a contar a história?**

Stole a pyramid	*The shrink ray*
All other villains	*With this adoption*
See Mr. Perkins	*Stole the moon*
Name of Vector	*Its rightful place*

____
____
____
____
____
____
____
____

2. **Se você não conhece a história, sobre o que acha que ela é?**

____
____
____
____
____
____

Filme completo.

3. **Por que um homem tão malvado quanto Gru, no início do filme, seria escolhido como o favorito? Quais qualidades você daria a ele?**

____
____
____
____
____
____
____

4. **Observe os grupos de três palavras a seguir, que estão dentre os mais frequentes no *script*. Dê os motivos pelos quais eles normalmente são ditos pelo Gru.**

   Exemplo:

   No, no, no → *Ele é uma pessoa negativa e que se sente derrotada.*

   a. *What are you* → _______________
   b. *Three Little Kittens* → _______________
   c. *I told you* → _______________

- Esses motivos refletem as características que você deu ao Gru na atividade 3? Explique.

____
____
____
____
____
____
____

Cenas: 10, 14 e 16, respectivamente.

a. *00:36:48 a 0:38:39*
b. *00:54:08 a 0:55:48*
c. *1:02:06 a 1:05:17*

5. **Descreva em inglês as cenas assistidas.**

a.

____

____

____

____

____

____

b.

____

____

____

____

____

____

c.

____

____

____

____

____

6. **Compare as falas das três cenas indicadas a seguir. Depois siga as instruções, para verificar como o fato de ele ter deixado de ser malvado, ao longo do filme, reflete-se em sua fala. Algumas dessas falas ou grupos de palavras já foram sublinhados para você como exemplo.**

a. ⏸ Primeira cena: sublinhe as falas ou grupos de palavras que indicam que Gru não se importa com o bem-estar das meninas.

▶ ***Cena 1 (00:40:04 a 00:40:55).***

Gru: Okey-dokey beddie-bye all tucked-in, sweet dreams.
Margo: Just so you know, you never gonna be my dad.
Gru: Huh! I think I can live with that.
Edith: Are these beds made out of bombs?
Gru: Yes, but they are very old and highly unlikely to blow up. But try not to toss and turn.

Edith: Cool.
Agnes: Will you read us a bedtime story?
Gru: No.
Agnes: But we can't go to sleep without a bedtime story.
Gru: Well, then it's going to be a long night for you, isn't it? So, good night, sleep tight, and don't let the bed bugs bite. Because there are literally thousands of them. And there's probably something in your closet, hihihi!

b. Segunda cena: sublinhe as falas ou grupos de palavras que indicam que ele está começando a gostar das meninas.

Cena 2 (01:02:09 a 01:05:07).

Gru: Come on now, it's bedtime. Did you brush your teeth? Let me smell. Let me smell. You did not!
Girls: Hehehe!
Gru: Put on your pjs. Hold still. Okay, seriously! Seriously! This is, this is bedie-bye time, right now. I'm not kidding around. I mean it!
Edith: But we're not tired!
Gru: Well, I am tired.
Agnes: Will you read us a bedtime story?
Gru: No.
Agnes: Pretty please!
Gru: The physical appearance of the "please" makes no difference. It is still no, so, go to sleep.
Edith: But we can't. We're all hyper!
Margo: And without a bedtime story, we'll just keep getting up and bugging you. All night long.
Gru: Fine. All right, all right. Sleepy Kittens. Sleepy Kittens? What are these?
Agnes: Puppets. You use them when you tell the story.
Gru: Okay, let's get this over with.
(Gru lê a história para as meninas.)
Gru: The end. Okay, good night.
Agnes: Wait!
Gru: What?
Agnes: What about good night kisses?
Gru: No, no, no. There will be no kissing or hugging or kissing.

c. Terceira cena: sublinhe as falas ou grupos de palavras que indicam que ele ama as meninas.

Cena 3 (01:22:43 a 01:24:45).

Gru: Okay, girls. It's time for bed.
Edith: Oh, come on! We want a story.
Agnes: Three sleepy kittens!
Gru: Oh, no! Sorry. That that book was accidentally destroyed maliciously. Tonight we are going to read a new book. This one is called *One Big Unicorn*, by... Who wrote this? Oh! Me! I wrote it. Oh, look, it's a puppet book! Here, watch this. That's the horn!
Girls: Hahaha!
Agnes: This is gonna be the best book ever!
Gru: Not to pat myself on the back, but, yes, it probably will be. Here we go. "One big unicorn, strong and free thought he was happy as he could be. Then three little kittens came around and turned his whole life upside down."
Edith: Hey, that one looks like me!
Gru: No, what are you talking about? These are kittens! Any relation to persons living or dead is completely coincidental. "They made him laugh. They made him cry. He never should have said goodbye. And now he knows he could never part from those three little kittens that changed his heart. The end." Okay, all right. Good night.
Margo: I love you.
Gru: I love you, too.

7. Relacione os sentimentos e as situações (a), (b) e (c) com os três grupos de diálogos retirados de filmes e séries de TV que estão a seguir.

a. Resignação: fazer algo não agradável, mas que deve ser feito.
b. Desconforto: concordar com alguém somente para acabar com a discussão.
c. Contentamento: aceitar uma condição que, para os outros, não é aceitável.

Grupo 1 (   )

Penny: I hear you don't like my stuffed animals, my driving or my punctuality.
Leonard: What? Who would tell you something like that? Why would you tell her something like that?
Penny: It doesn't matter why he told me. It's true, isn't it?
Leonard: Okay, yeah, it's true, but **I can live with that stuff**. What I can't live with is you casually informing me that some guy's going to be staying in your apartment without even asking me first!

(Série: *Big Bang: a teoria 3.07*)

Helen: Mia promises neither to accept or reject your offer to be royal until this grand ball, and then she makes her decision. Now, **can you both live with that**?
Clarisse: It seems I have no option
Mia: If I have to.

(Filme: *O diário da princesa*)

Boy 1: Oh, man, do we have to do this?
Boy 2: Hey, you want everyone at school to think we're chicken?
Boy 1: I **could live with that**.
Boy 2: Oh, you wuss. Come on.

(Filme: *Gasparzinho: o fantasminha camarada*)

Grupo 2 (   )

Booth: You know, this is a Silver Star.
Bones: I know how much you hate this, Booth.
Booth: **Let's** just **get this over with**, all right?

(Série: *Bones 1.21*)

Booth: So, you're sure you don't want your attorney present, Mrs. King?
Mrs. King: **Let's just get this over with.**
Booth: Okay, sounds good to me. Here's erm, what I'm thinking. I'm thinking that erm your country home is less than a mile from the spot where Cal's body was burned. You had access to the shotgun, the aviation gas.

(Série: *Bones 4.11*)

Monica: Hey Rach, come on! We're gonna be late for the eye doctor appointment!
Rachel: All right! **Let's get this over with**! Ugh! Ohhh! No! Look what I did! Oh, I mean, look at this mess! I mean, we're probably gonna have to clean this up! You know? We're gonna have to reschedule!
Monica: No. If you thought this mess is going to bother me, you are wrong! All right, let's go Blinky! Chandler!!!!

(Série: *Friends 5.22*)

Grupo 3 (   )

Gloria: Alex.
Melman: I can see where this is going. It is getting late. I guess I'm gonna...
Gloria: Come on, he's your best friend.
Alex: **All right, all right.** Okay.
Gloria: Night, Marty!
Marty: Night, Gloria.

(Filme: *Madagascar*)

Donkey: Well, you at least gotta tell Shrek the truth.
Fiona: No, no! You can't breathe a word. No one must ever know.
Donkey: What's the point of being able to talk if you gotta keep secrets?
Fiona: Promise you won't tell. Promise!
Donkey: **All right, all right**. I won't tell him. But you should. I just know, before this is over, I'm gonna need a whole lot of serious therapy. Look at my eye twitching.

(Filme: *Shrek*)

Ross: What? No! No, I'm not stopping. I'm Red Ross!
Joey: Dude, if you go back out there, you're gonna be Dead Ross!
Ross: I don't care! I am not quitting! I am gonna finish this game!
Emily: **All right, all right**, if you insist on doing this, at least let me help you.
Ross: No, God no! That is no place for a woman. Those guys will grab anything.

(Série: *Friends 4.15*)

8. **Em que situações do seu dia a dia você usaria:**

a. *I can live with it/that.*

____

____

____

____

____

____

b. *Let's get this over with!*

____

____

____

____

____

____

c. *All right, all right.*

____

____

____

____

____

____

9. **Os grupos de três palavras a seguir também foram retirados de trechos do roteiro de *Meu malvado favorito*. Quais delas você associaria às *Meninas* (M), ao *Vector* (V), à *Miss Hattie* (H), ao *Mr. Perkins* (o banqueiro) (P) e ao Dr. Nefário (o cientista) (N)?**

a. *in optimal position*	( )	**f.** *a major distraction*	( )
b. *to dance class*	( )	**g.** *tell the story*	( )
c. *great sale day*	( )	**h.** *at my place*	( )
d. *have my cookies*	( )	**i.** *turning a profit*	( )
e. *has invested in*	( )	**j.** *purchase a Spanish*	( )

10. Encaixe os grupos de três palavras da atividade 9 nas falas a seguir, retiradas de *Meu malvado favorito*.

a. *Puppets. You use them when you* ______________________.

b. *Your chance to make history, become the man who stole the moon! But these girls are becoming* ______________________!

c. *We have 12 days until the moon is* ______________________.

d. *Well, you say that like it's a* ______________________.

e. *Mmm. Okay. But first, we're going* ______________________.

f. *Girls, welcome back to the fortress of Vectortude! Do you* ______________________ *for me?*

g. *Do you have any idea of the capital that this bank* ______________________ *you, Gru?*

h. *And also, I did* ______________________ *dictionary.*

i. *Duh! Back* ______________________.

j. *With far too few of your sinister plots actually* ______________________.

11. Faça um resumo da história de *Meu malvado favorito* e publique em um *site* de filmes, no jornal de sua escola ou faça um cartaz sobre o filme para colocar no mural.

Apêndice
Respostas das atividades

Respostas e sugestões de respostas das atividades.

Capítulo 1: Funções de linguagem

1. Ajudar pessoas a se expressarem

1 a. (1); b. (1); c. (2)

2 *b e c*

3 *what he said is / that's what he means*

4 a. *It* + (*just*) + *needs* + (*a/an*) atividade no *–ing*

b. Sujeito + (verbo auxiliar na negativa) + verbo no presente.

c. *what* + verbo *to do* + pronome pessoal + *mean*

d. *what* + pronome pessoal + verbo *to say* no passado + *is* ou *what* + pronome pessoal + *means* + verbo *to be*

2. Alertar

1 a. *watch your step*

b. *keep an eye*

c. *pay attention*

d. *heads up*

e. *Beware*

f. *be careful*

2 *You'd better keep on your toes. Something funny's going on.*

3. Apresentar pessoas

1 A. 1.(I); 2.(F); 3.(F); 4.(F)

B. 1.(I); 2.(I); 3.(I)

C. 1.(I); 2.(I)

2 a. *I didn't get a chance to / I'd like to / may I / let me*

b. *myself / you / Likola / my assistant*

c. As palavras que antecedem são verbos e expressões modais precedidas do sujeito *I* (eu).

d. As palavras que aparecem depois são objetos, nesses casos, quem está sendo apresentado.

3 a. a profissão: A.2, 4 e C.1 / o propósito de estarmos no local: C.1 / a nossa relação com a pessoa que é apresentada: A.2, 4; B.1, 2 e C.1

b. Demonstrar interesse em nosso interlocutor e facilitar a continuidade da interação entre os falantes.

4 a. *Edward*: Hello. I'm sorry, I didn't get a chance to introduce myself last week. I'm Edward Cullen. You're Bella?

b. *Graham*: Amanda, this is my daughter Sophie. Soph, this is my friend Amanda.

Sophie: Hi. How do you do?

Amanda: I'm fine, thank you. How are you?

Sophie: Very well, thank you.

c. *Andie*: Hi.

Ben: Hi.

Andie: Andie Anderson.
Ben: Benjamin Barry.
Andie: Cute.
Ben: Thank you.
Andie: I meant your name.
Ben: Thank you two times.

4. Convidar, aceitar e recusar convites

1.

A.	B.	C.	D.
1 D	1 ND	1 D	1 D
2 D	2 ND	2 D	2 D
	3 ND	3 D	3 D
		4 ND	4 D

2 a. (ND); b. (N); c. (ND); d. (ND); e. (ND); f. (D); g. (N)

3 a. *I was kind of wondering*; c. *would you maybe wanna*; d. *I was thinking maybe we could*; e. *do you think it would be okay if*

4 F; V; V
a. Sim, porque eles parecem já se conhecerem bem.
b. *bump into*.

5 c, d, a, e, b

5. Cumprimentar pessoas

1 *Hey, (buddy) / it's (Mike)*
Hi, (buddy) / It's (Sue)
Hello, (buddy) / it's (Brian)
How is it going?
Hey, hi. How are you doing?

2 A: *Hello.*
B: *Hello.*
Hi.
Hey.
(Hi,) how are you?
(Hi,) how are you doing?
(Hi,) how's it going?
A: *How are you?*
B: *Great, you?*
Good.
Okay.
Everything is fine.
I'm doing good.

3 a. amizade: A.3; B.1 / b. relação familiar: B.2 (*mom*) / c. relação profissional: A.1 (*that phone I ordered*), A.2 (*shop assistant*) e C.1 (*appointment*)

6. Dar conselhos

1 a. 1; b. 2; c. 2; d. 1; e. 1; f. 1; g. 1

2 Listen, Mototo, you better (I suggest you) treat this lady like a queen. Because you, my friend, you found yourself the perfect woman. If I was ever so lucky to find the perfect woman. I'd give her flowers every day. And not just any flowers. OK? Her favorites are orchids. White. And breakfast in bed. Six loaves of wheat toast, butter on both sides. No crust, the way she likes it. I'd be her shoulder to cry on and her best friend. I'd spend every day thinking of how to make her laugh. She has the most amazing laugh. That's what I would do if I were you (what I advise you to do). But I'm not, so you do it.

7. Descrever pessoas

1 a. *to look like;* b. *to be;* c. *to seem*

2 a. *seem;* b. *look like;* c. *is;* d. *look like*

3 Os padrões no diálogo são:

Pronome pessoal + verbo *to be* + (*too* / *not*)

Pronome pessoal + *has got*
But + (pronome pessoal) + verbo auxiliar na negativa + *have to*

Pronome pessoal + verbos no presente que descrevem gostos e habilidades.
Veja-os sublinhados a seguir:
Phil: Well, why not? Erm what are you looking for? Who, who is your perfect guy?
Rita: Well, first of all, he's too humble to know he's perfect.
Phil: That's me.
Rita: He's intelligent, supportive, funny.
Phil: Intelligent, supportive, funny. Me, me, me.

Rita: He's romantic and courageous.
Phil: Me also.
Rita: He's got a good body, but doesn't have to look in the mirror every two minutes.
Phil: I have a great body and sometimes I go months without looking.
Rita: He's kind, sensitive and gentle. He's not afraid to cry in front of me.
Phil: This is a man we're talking about, right?
Rita: He likes animals and children and he'll change poopy diapers.
Phil: Does he have to use the word "poopy"?
Rita: Oh, and he plays an instrument and he loves his mother.
Phil: Phew! I am really close on this one. Really, really close.

8. Expressar opiniões

1 a. *a terrible*; b. *the weirdest*; c. *the best*; d. *a good*

2 superlativo

3 a. *That's*; b. *it's*; c. *That's*; d. *It's*

4 a. *care*; b. *take*; c. *be*; d. *make*; e. *have*

9. Expressar gostos

1 a. *Possessive adjective + liking + for* e *to + possessive adjective + liking*
b. *a + love + of*

2 a. I; b. F (*we shall*); c. F (*I can assure you / inclination for emotional complications*); d. I; e. F (*mademoiselle*)

3 b, a, c

10. Falar sobre acontecimentos recentes no passado

1 a. A personagem quer dizer que não é mais a pessoa que costumava ser; que ela agora está diferente.
b. A personagem quer dizer que agora ela não procura mais por Russell Crowe.
c. A personagem quer dizer que ela está se juntando ao grupo de estudos.
d. A personagem quer dizer que não está mais com o único homem que amou.

2 a. *Mike*: Ever since that kid came in you'**ve ignored** everything I've said and now look where we are!
Mike: Oh, we were about to break the record, Sulley. We would've had it made!
Sulley: None of that matters now.
(Filme: *Monstros S.A.*)
b. *Riggs*: What are you doing?
Leo: I'm cleaning this pigsty.
Riggs: I like this pigsty.
Leo: When did you last do the refrigerator? Or the pan under it?
Riggs: There's a pan under there? Where's my phone? Where's my TV? **What have you done?** Everything is outside. Just stop what you're doing. Get the dog out of here! You go before the mutt. Out, out!
(Filme: *Máquina mortífera 2*)

11. Falar sobre comida

1 Padrões:
a. *To make* + pronome demonstrativo + adjetivo + comida
To put + ingrediente(s)
To eat + (pronome possessivo) + comida
Ingrediente + comida
b. *Turkey sandwich* e *gravy soaked bread*
c. *Amazing*
Veja esses padrões sublinhados a seguir:
Dr. Leedbetter: Erm, Ross. May I have a word with you?
Ross: Yeah, of course, Donald.
Dr. Leedbetter: We've been getting reports of some very angry behavior on your part.
Ross: What?!

Dr. Leedbetter: Threatening letters, refusal to meet deadlines, apparently people now call you mental.

Ross: Yeah.

Dr. Leedbetter: We want you to speak to a psychiatrist.

Ross: Oh no, you you don't understand. Ugh, this is so silly. Erm, this is all because of a sandwich.

Dr. Leedbetter: A sandwich?

Ross: Yeah. You see my sister makes these amazing turkey sandwiches. Her secret is, she puts a, an extra slice of gravy soaked bread in the middle; I call it the Moist Maker. Anyway, I... I put my sandwich in the fridge over here...

Dr. Leedbetter: Oh, you know what?

Ross: What?

Dr. Leedbetter: I... I'm sorry. I, I... I... I... believe I ate that.

Ross: You ate my sandwich?

Dr. Leedbetter: It was a simple mistake. It could happen to anyone.

Ross: Oh oh really? Did you confuse it with your own turkey sandwich with a Moist Maker?

Dr. Leedbetter: No.

Ross: Do you perhaps seeing a note on top of it?

Dr. Leedbetter: There may have been a joke or a limerick of some kind.

Ross: That said it was my sandwich?!

Dr. Leedbetter: Now now calm down. Come look in my office, some of it my still be in the trash.

Ross: What?

Dr. Leedbetter: Well, it was quite large. I I I I I had to throw most of it away.

Ross: You you you you threw my sandwich away! My sandwich?!!! My sandwich!!!!!!

12. Falar sobre saúde e problemas de saúde

1 a. A.2: *my back went into spasm / It's very tender from that horrific football accident. /* D.2: *I'm in pain. I got my foot banged up.*

b. D.1: *called in sick / faking sick*

c. A.2: *be in a lot of pain /* D.2: *staggering, unbearable pain / it hurts / It really hurts. / I'm in pain.*

d. A.2: *I don't mind pain. I learn from pain.*

e. A.1: *ready to hit the waves /* B.1: *She's feeling all right. / She never looked better. /* B.2: *I'm fine.*

f. D.2: *I gotta take you to a doctor*

2 *Chandler*: What's wrong with you?

Joey: Nothing! Well, I... I got this blinding pain in my stomach when I was lifting weights before, then I erm passed out and uh, haven't been able to stand up since. But erm, I don't think it's anything serious.

Chandler: This sounds like a hernia. You have to you you go to the doctor!

Chandler: Hey, will you grab me a cruller? Sit down! Will you go to the hospital?!

Joey: Dude! Hernia operations cost like... a lot probably. Besides it's getting darker and more painful, that means it's healing.

Chandler: I will loan you the money. Just go to the hospital and let's just get that thing... pushed back in.

Joey: Thank you, but it would take me forever to pay you that money back and I don't want that hanging over my head. Okay? Besides, as soon as my insurance kicks in I can get all the free operations I want! Yeah, I'm thinking I'll probably start with that laser eye surgery.

3 a, c, b

13. Fazer comparações

1 a. Para mostrar como/quanto duas coisas/pessoas são parecidas.
b. Para mostrar como uma qualidade descrita se parece com a realidade de outra usada como referência.

2 a. *subtle / gun*; b. *as / as / are / good*

3 b

14. Fazer previsões

1 a, d, f, i

2 a. *we must be close;* b. *I think it'll*

15. Interromper uma conversa

1 a. V; b. D; c. D; d. D; e. V; f. V; g. V; h. V; i. V; j. V; k. V

2 A.1. *May I*; A.2. *wonder if I might*; A.3. *erm / wondering / if I could;* A.4. *wonder if we could;* A.5. *can we*; A.6. *can I*; A.7. *can I*; B.1. *for interrupting;* B.2. *but as it happens, we can*; B.3. *friend*; B.4. *old man coming through*

3 a. durante uma reunião: fala(s) número A.4 / B.1 / B.2
b. durante uma festa: fala(s) número A.1 / A.2 / A.3 / A.4/ A.5 / A.6 / A.7 / B.2 / B.3/ B.4
c. em casa entre familiares: fala(s) número A.2 / A.3 / A.4 / A.5 / A.6 / A.7
d. na escola: fala(s) número A.2/ A.4 / A.5 / A.6 / A.7/ B.3

16. Pedir e fornecer informações pessoais

1 a. A.1, A.2, C.2; b. A.3, B.1, B.2, B.3, C.1, C.3

2
- nas frases A.1, A.2 e C.2 algumas palavras que sugerem informalidade são: 1) *buy you a drink*; *not so fast/ come on*; Ramone
- nas frases A.3, B.1, B.2, B.3, C.1, C.3 algumas palavras que sugerem formalidade são: Mr Smith; 'And' no início da fala sugere que ela pode ser parte de uma entrevista e não de uma situação mais informal; *well, erm/ for instance*; fornecer o nome completo (Josh Briant) ao invés do primeiro nome apenas sugere mais formalidade; Mr. Michell; a resposta curta 'yes' pode sugerir a falta de intimidade e mais formalidade entre os falantes.

3 c, a, c, b, a, c, c

17. Pedir e fornecer informações sobre coisas e pessoas

1 a. *where / is;* b. *what / is*

2 a. NC; b. NC; c. I

3 a. *the players are?/ he is?/ this guy is?/ Lincoln was and why he is revered?*
b. *the deadline for all this budget stuff is?/ she'll be allowed home?/ you come home?/ I discovered I was old?*
c. *she is?/ I can find Mr. Sampson?/ your parents are?/ Andrew Smith is?*
d. *they were looking for or what they took from your home?/ that is?/ they wanted?/ time it is?*

18. Perguntar sobre como chegar a um lugar e indicar o caminho

1 a. *to the Bigweld Industries / down there*
b. *the nearest cemetery / that / this surprise gonna take place / that located again / your town / it*

2 Sugestões: *Where is… ? / How do I get to…?*

3 c, a, d, e, f, b, g

19. Reclamar

1 *tired of + something* (name/offer)
tired of + verbo *-ing* (missing/cleaning)
so + tired of
sick + and + tired of

2 a. *can't stand;* b. *put up;* c. *fed up*
d. *sucks / driving*

3 *complain + of / to / about; have / make + a complaint*

20. Relatar o que alguém disse

1 *verb + (to someone) + (that / when / where/ why...): say; agree (without "to someone")*

verb + someone (me, you, him) + (to / that / when /what...): tell; promise; advise

verb + (pronome objeto) *+ to + (something / verb –ing* ou no infinitivo*): admit; offer*

2 *- Graham told me (that) he had met her.*
- Iris asked me to hold on for a sec. / - Iris asked me if I could hold on for a sec.
- Amanda asked me how he is/was.
- Graham asked me how she is/was doing.
- Iris said / answered that there aren't / weren't any men in her town.

3 a. Iris e Amanda trocaram de casa por duas semanas. Graham é irmão de Iris e teve um relacionamento com Amanda.
b. Porque eles resolveram não se encontrar mais, mas ainda estão interessados um no outro.

4 - He said you met.
- I asked her to hold.
- She just asked me how you are.
- My brother wants to know how you are.
- I assured her that there were not.
- tell him that
- told you that

Capítulo 2: Gramática

1. *like* ou *as*?

1 *Like: a public menace / you / a dog / a canary / that*

As: I suspected / you would imagine / I say / I was / it was / he was known

2
- Tende-se a usar *as* quando as palavras à sua direita são pronomes seguidos de verbo, ou seja, uma frase, com sujeito e verbo.
- Tende-se a usar *like* quando as palavras que estão à sua direita são objetos diretos ou indiretos.

3 a. *like;* b. *like;* c. *as;* d. *as;* e. *as;* f. *as;* g. *as;* h. *like;* i. *like;* j. *like / like;* k. *as;* l. *like;* m. *as;* n. *as*

2. *make* ou *do*?

1 a. *make;* b. *do;* c. *do;* d. *make / make*

2 a. *make your own decisions;* b. *make your own history;* c. *do your own stupid biopsy;* d. *do their own version*

3 a. *do;* b. *make*

4 a. Falar sobre trabalho ou atividade.
b. Falar sobre algo mencionado anteriormente sem especificar o quê.
c. Ser incapaz de fazer algo / não ser bem-sucedido.
d. Construir, elaborar ou criar algo.
e. Conseguir compor ou criar algo.

3. *Simple Past* ou *Present Perfect*?

1 a, c, b

2 a. As duas estão corretas. Atualmente, em inglês americano, encontramos as duas formas. Usamos esse tempo verbal quando falamos de acontecimentos recentes. Neste caso, é frequentemente acompanhado de *already, yet* e *just*. É importante notar, entretanto, que em exames de proficiência a forma preferida é *I've just arrived*.

b. *I've lost*. O tempo é indefinido / não foi mencionado. Existe uma relação com o presente, da personagem não estar vendo as crianças.

c. As duas estão corretas, mas *I've already spoken* é mais adequada. O tempo é indefinido / não foi mencionado. Não se sabe, nem interessa saber, quando ela falou com os funcionários. Ela menciona uma relação com o presente, os funcionários estão envolvidos com o processo.

3 a. Ela pergunta a ele sobre seu trabalho: *"So, how long have you guarded antiquities?"*.

b. Ela acha que ele é guarda do museu por causa do uniforme que ele está usando. Ela diz: *"I just thought with the fancy getup and all..."*.

c. Porque ele não trabalha mais lá. A ação já acabou. Esse fato é marcado pela palavra *ago*: *"I mean, I was a guard back in New York, but that was a while ago"*.

4 *Amelia*: So, how long <u>have you guarded</u> antiquities?

Larry: What? Oh, no, I don't actually work at the...

Amelia: I just <u>thought</u> with the fancy getup and all...

Larry: No, I <u>borrowed</u> this. I mean, I <u>was</u> a guard back in New York, but that <u>was</u> a while ago.

Amelia: So why <u>did you leave</u>? <u>Did you not enjoy</u> it?

Larry: No, I <u>loved</u> it. I just... Things sort of <u>took off</u> in a different direction, so...

Amelia: So what do you do now?

Larry: Well, I sort of... Well, I sort of design products and sell them.

Amelia: You're an inventor!

Larry: I am. I am an inventor, yeah. I invent stuff.

Amelia: Like the rocket ship?

Larry: No.

Amelia: The sea plane. The dirigible?

Larry: No, not aircraft. Sort of like more small-scale stuff, like... Well, the Glow-in-the-Dark Flashlight, that <u>was</u> mine.

Amelia: So this new job, do you like it?

Larry: Yeah, I like it a lot. It's exciting. It's... What?

Amelia: I'm just confused, is all. If you're not excited by it, why do you do it?

Larry: I am excited by it. I just <u>said</u>...

Amelia: I know what you <u>said</u>, Mr. Daley, but what I see in front of me is a man who<u>'s lost</u> his moxie.

Larry: I <u>have not lost</u> my... I got my moxie.

Amelia: Do you know why I became a pilot?

Larry: I don't, no.

Amelia: For the fun of it. Why else would anyone do anything.

5 a. Sim. Porque aconteceu em um passado recente e em um tempo indefinido.

b. Não. A ação já acabou.

c. Não. A ação já acabou.

d. Sim. Porque aconteceu em um passado recente.

6 Porque ela não sabe quando Larry perdeu sua determinação, sua coragem. Isso aconteceu em algum momento da vida dele, em um tempo indeterminado, mas ela vê a consequência no presente, por ele não expressar que está contente com o que faz.

4. *will* ou *going to*?

1 a. *am going to*. É uma ação planejada.

b. *will / won't*. É um pedido.

c. *will / am going to*. O primeiro espaço refere-se a uma suposição e o segundo refere-se a uma intenção.

2 a. indicar um plano ou intenção: *I'm going to have to do that myself*

b. indicar um desejo ou uma promessa: *I will work very hard*

3 a. *will end*; b. *is going to die*; c. *will quit*; d. *will / forget*; e. *will fail*; f. *will make*

Capítulo 3: Atividades com filmes e séries de TV na íntegra

1. *Big Bang: a teoria*

1 As palavras sugerem que a história se passa num apartamento e pode haver uma discussão sobre mobília.

2 Conversa semiformal entre conhecidos.

3 A personagem pediu um favor a seu vizinho.

4 Respostas variadas. Possibilidades: Sim, meu vizinho é bastante confiável. / Não, eu nem conheço meu vizinho.

5 Respostas variadas. Possibilidades: Não, porque eles tiveram alguma dificuldade para mover o objeto até o apartamento.

6 Respostas variadas. Possibilidades: Eu me sentiria mal e provavelmente reclamaria com o meu síndico ou zelador. / Eu não me importaria. Meu vizinho é quase da família.

7 Respostas variadas. Possibilidades: Desorganização. Para mim é importante conseguir localizar as coisas facilmente. / Limpeza. Não me importo com bagunça desde que a casa esteja limpa.

Small words

8 Sugestões: Positivas: *Okay, cool / Yeah / Okay, great*
Negativas: *Oh / Well, / Phew*
Neutras: *Okay / See, / Huh*

9 As reações dependem não apenas do contexto, como também da maneira como são ditas.

10 *okay: Penny: Guys, seriously. I grew up on a farm. Okay, I rebuilt a tractor engine when I was like twelve. I think I can put together a cheap Swedish media center.*

oh: Leonard: Oh, hey Penny. This just arrived – we just brought this up – just now.

okay, cool: Leonard: Okay, cool. Thanks. I guess we'll just bring it up ourselves.

well: Leonard: Well, we'll get out of your hair.

see: Leonard: Exactly half. Let's push. Okay! See, it's moving, this is easy. All in the math.

huh: Penny: Still not talking to me, huh?

yeah: Leonard: Yeah, he didn't tell it right.

phew: Howard: Phew! Grab a napkin, honey. You just got served.

okay, great: Penny: Okay, great. Thank you again

11 (+) *Yeah*; *Okay, great*; *Well*; *Okay, cool*; *Huh*; *See*; (–) *Phew*; (Ø) *Okay*; *Oh*

Sarcasm

1 Respostas variadas. Sugestões: Para entender o sarcasmo parece ser necessário compreender por que certa fala ou escrita ironiza ou zomba de um assunto. Quando o sarcasmo é expressado, a entonação parece ajudar a identificá-lo.

2 Exemplos de sarcasmo:

Leonard: I'm not surprised. A well known folk cure for insomnia is to break into your neighbor's apartment and clean.

Leonard: You think?

Leonard: Yes! For God's sake, Sheldon, do I have to hold up a sarcasm sign every time I open my mouth.

3 Exemplos de sarcasmo: *A well-know folk cure for insomnia is to break into your neighbors's apartment and clean. / Maybe tonight we should sneak in and shampoo her carpet. / I have to hold up a sarcasm sign every time I open my mouth.*

Palavras de conotação negativa: *break into / sneak in / hold up*

Discourse

1 Penny: informal, dia a dia; Leonard: acadêmico e semiformal

2 a. *to come to regret;* b. *at the very least;* c. *an error in judgement;* d. *to recognize one's mistake*

- O título do episódio refere-se a uma hipótese criada pelo personagem Sheldon sobre o consumo de um tipo de cereal matinal.

2. *Friends*

1 a. Respostas variadas. No Brasil há várias tradições, como: comer uvas à meia-noite, pular sete ondas, varrer a casa à meia-noite, comer lentilhas, entre outras. Muitos brasileiros fazem grandes festas na praia e assistem à queima de fogos de artifícios e a shows de música.
b. Respostas variadas.
c. Para saber mais, pesquise na internet.

2 Respostas variadas. Sugestões: as pessoas podem ter um comportamento pouco convencional, podem estar vestidas de maneira inadequada ou engraçada, etc. Um conselho seria tentar manter a calma e ser educado até o final do encontro. Conselhos de amigos costumam vir em forma de longas conversas e muita risada.

3 Festa com todos fazendo resoluções de ano-novo. Chandler quer beijar Monica, mas não sabe como, pois apenas Joey sabe que eles estão namorando. As resoluções de ano-novo são: Ross quer fazer algo novo todos os dias; Phoebe quer pilotar um jato; Chandler não vai mais tirar sarro dos amigos; Joey quer aprender a tocar violão; Monica quer tirar mais fotos de quando estão juntos; e Rachel não vai mais fazer fofoca da vida dos outros.

Phoebe e Joey nas aulas de violão e seus desentendimentos.

Ross vai a um primeiro encontro com uma garota usando calças de couro e acaba em uma situação muito constrangedora. Os conselhos de Joey fazem as coisas piorarem.

Rachel descobre que Monica e Chandler estão namorando e conversa sobre isso com Joey.

4 a, a, b, c

5 Ele quer dizer que acabou de (*you're timing couldn't be better*) dar conselhos e ajudar Ross em uma crise (*putting out fires*).

6 a. falando sobre uma situação hipotética, especulando;
b. verificando se seu interlocutor está entendendo você;
c. expressando cansaço/desespero;
d. chamando a atenção de alguém por fazer algo que não deveria.

7 c, a, d, b

a. *Phoebe:* Hey everybody, Rachel was so good today. She didn't gossip at all.
Rachel: I didn't! Even when I found out...umm, all right, well let's just say I found something out something about someone and let's just say she's gonna keep it.

b. *Joey:* Look, I am tired of being the guy who knows all the secrets but can›t tell anyone!

Rachel: What? What secrets? You know secrets? What are they?

Joey: And you're not supposed to be gossiping!!

c. *Rachel:* Oh, look! Claire forgot her glasses! And she's gonna be really needing these to keep an eye on that boyfriend, who, I hear, needs to keep his stapler in his desk drawer, if you know what I'm talking about.

d. *Chandler:* Oh good, okay, I can't take it anymore. I can't take it anymore. So you win, okay? Here! Pheebs? Flying a jet? Better make it a spaceship so that you can get back to your home planet! And Ross, phone call for you today, Tom Jones, he wants his pants back! And Hornswoggle? What are you dating a character from Fraggile Rock?!

8 a. I'm gonna go out on a limb/ I am gonna be happy this year/ I am gonna do one thing I have never done before / That, my friends, is my New Year's resolution. / Mine is to pilot a commercial jet. / Maybe your resolution should be…

b. I'll bet you 50 bucks you can't go the whole year without making fun of us/ I'll take that bet my friend;

c. I'll bet you;

d. I'll take that bet.

9 Sugestões: a. *Most people's New Year's resolution is to get healthier;* b. *I'd love it if my friends came to watch the game;* c. *You look tired! Do you want me to do the dishes for you?*

10 a. *Go out on a limb* = arriscar-se a dizer/ correr o risco de estar errado

b. *if you know what I'm talking about*

3. *Madagascar*

1 d, b, a, c

- Amizade

2 a. Conversa entre amigos e familiares

b. Bate-papo

3 a. Vamos lá / Espere aí

b. Estar acontecendo

c. Espere (aí) / aguarde

d. Trabalhar em algo / empenhar-se

4 *Come on, come on / Hold on / come on*

5 b

6 a. *Look*: veja/ olhe/ parece

Get: entre nessa/ pegue

You know: É que

b. O uso do primeiro nome dos colegas pelos personagens indica uma relação de amizade. Há outras dicas de que se trata de diálogo informal, como o uso de verbos frasais e recursos de linguagem como *you know*, *like*, etc.

7 a, j, e, i, c, h, b, d, g, f

4. *Meu malvado favorito*

1. Resposta sugerida:

Someone stole a pyramid and Gru decides to steal the moon to be better than all the other villains. He goes to see Mr. Perkins, the president of the bank, who promises to give Gru a loan when he gets a shrink ray necessary to steal the moon. He then meets Vector, the young super villain who stole the pyramid and has the shrink ray. Later, we discover that the real name of Vector is Victor, and that he is Mr. Perkins's son. Gru decides to adopt Margo, Edith and Agnes, three orphaned girls who sell cookies, and uses them to gain access to Vector's house to steal the shrink ray.

When Vector learns that Gru stole the moon, he kidnaps the three girls and Gru has to give Vector the moon in exchange for the girls. However, Vector keeps the moon and the girls, making Gru go after Vector to get them back. At the end, the moon goes to its rightful place and Gru and the girls live happily as a family.

2 Resposta pessoal.

3 Resposta pessoal. Sugestão: maldoso, negativo, impaciente, justo, folgado, bem-humorado.

4 a. *What are you* – Ele fica irritado com o que as pessoas ao redor estão fazendo, porque prefere ficar sozinho.

b. *Three Little Kittens* – Ele lê a história dos três gatinhos.

c. *I told you* – Ele fica bravo quando as meninas fazem ou não fazem o que ele mandou.

Sim, reflete. Ele fala muito a, b e c, porque é impaciente e negativo.

5 a. *Gru sets 3 rules for the girls: they can't touch anything, they can't bother him while he's working, and they can't make annoying sounds, like cry, whine, laugh, giggle, sneeze, burp and fart. He says "no, no, no" when they try to do things he doesn't want them to do.*

b. *Gru tries to talk to Mr. Perkins, but the girls keep interrupting him. He puts them in a closet and tells them to stay there, but they escape and freeze him with the freeze ray. He says "No, no, no" to apologize for showing his drawing to Mr. Perkins and "I told you" when he tells the girls they were supposed to stay out of the room.*

c. *Gru reads a bedtime story for the girls and feels he's warmed up to them, but still refuses to kiss and hug them. When Dr. Nefarious realizes he's softening up and challenges his resolve to steal the moon he denies vehemently that his feelings have changed.*

6 a. *Gru*: Okey-dokey beddie-bye all tucked-in, sweet dreams.

Margo: Just so you know, you never gonna be my dad.

Gru: Huh! I think I can live with that.

Edith: Are these beds made out of bombs?

Gru: Yes, but they are very old and highly unlikely to blow up. But try not to toss and turn.

Edith: Cool.

Agnes: Will you read us a bedtime story?

Gru: No.

Agnes: But we can't go to sleep without a bedtime story.

Gru: Well, then it's going to be a long night for you, isn't it? So, good night, sleep tight,and don't let the bed bugs bite. Because there are literally thousands of them. And there's probably something in your closet, hihihi!

b. *Gru*: Come on now, it's bedtime. Did you brush your teeth? Let me smell. Let me smell. You did not!

Girls: Hehehe!

Gru: Put on your pjs. Hold still. Okay, seriously! Seriously! This is, this is bedie-bye time, right now. I'm not kidding around. I mean it!

Edith: But we're not tired!

Gru: Well, I am tired.

Agnes: Will you read us a bedtime story?

Gru: No.

Agnes: Pretty please!

Gru: The physical appearance of the "please" makes no difference. It is still no, so go to sleep.

Edith: But we can't. We're all hyper!

Margo: And without a bedtime story, we'll just keep getting up and bugging you. All night long.

Gru: Fine. <u>All right, all right</u>. Sleepy Kittens. Sleepy Kittens? What are these?

Agnes: Puppets. You use them when you tell the story.

Gru: Okay, let's get this over with.

(Gru lê a história para as meninas.)

Gru: The end. Okay, good night.

Agnes: Wait!

Gru: What?

Agnes: What about good night kisses?

Gru: No, no. There will be no kissing or hugging or kissing.

c. *Gru*: <u>Okay, girls</u>. Time for bed.

Edith: Oh, come on! We want a story.

Agnes: Three sleepy kittens!

Gru: Oh, no! <u>Sorry.</u> That that book was accidentally destroyed maliciously. Tonight we are going to read a new book. This one is called "One Big Unicorn" by... <u>Who wrote this? Oh! Me! I wrote it</u>. Oh, look, it's a puppet book! Here, watch this. That's the horn!

Girls: Hahaha!

Agnes: This is gonna be the best book ever!

Gru: Not to pat myself on the back, but, yes, it probably will be. Here we go. "One big unicorn, strong and free thought he was happy as he could be. Then three little kittens came around and turned his whole life upside down.

Edith: Hey, that one looks like me!

Gru: No, what are you talking about? These are kittens! Any relation to persons living or dead is completely coincidental. "<u>They made him laugh. They made him cry. He never should have said goodbye. And now he knows he could never part from those three little kittens that changed his heart</u>. The end." Okay, all right. Good night.

Margo: I love you.

Gru: <u>I love you, too</u>.

7 Grupo 1 (c)

Grupo 2 (b)

Grupo 3 (a)

8 Sugestões de respostas: a. Quando há referência a algo ruim, mas não intolerável. Por exemplo: trânsito. b. Quando há impasse numa discussão ou demora em encerrar um trabalho. c. Quando se concorda com a opinião do outro.

9 a. (N); b. (M); c. (H); d. (V); e. (P); f. (N); g. (M); h. (V); i. (P); j. (H)

10 a. *tell the story*
b. *a major distraction*
c. *in optimal position*
d. *great sale day*
e. *to dance class*
f. *have my cookies*
g. *has invested in*
h. *purchase a Spanish*
i. *at my place*
j. *turning a profit*

Apêndice
Guia de filmes e séries

Lista dos filmes e séries de TV, e suas respectivas temporadas, usados nos exemplos e nas atividades do livro.

1. Como usar o Guia de filmes e séries

a. Filmes

Na listagem colocamos o nome do filme em português e em inglês, seu ano de lançamento e o(s) capítulo(s) em que foi utilizado. O tempo é sempre representado por 00:00:00, ou seja, horas, minutos e segundos, para que você não tenha dificuldade para encontrar a fala que selecionamos.

Caso o filme tenha sido utilizado em mais de um capítulo, colocamos, ao lado de cada um dos tempos, o número do capítulo correspondente, para que você não tenha dúvida no momento de apresentar um trecho do vídeo em sala de aula ou de assisti-lo, se assim o desejar. Há casos em que, em um mesmo capítulo, as falas dos vídeos foram selecionadas para mais de uma atividade. Nesses casos, ao lado do tempo, indicamos não só o número do capítulo, mas também o da atividade. Por exemplo, **1:12:55 (1.15 at. 6)** refere-se à fala que se encontra em 1 hora, 12 minutos e 55 segundos do filme e que apareceu no capítulo 1.15, na atividade 6.

Advertência

Muitas das falas utilizadas nas atividades foram retiradas de filmes e séries de TV que não têm classificação livre. Isso quer dizer que os filmes e séries podem não ser adequados para todas as salas de aula e para todas as faixas etárias. Antes de utilizar uma cena, um filme ou episódio na íntegra, verifique a classificação e a adequação do material para sua(s) sala(s) de aula ou para seus/suas filhos(as).

Importante

Pode haver diferença de 5 minutos para mais ou para menos, dependendo do DVD e do aparelho/computador utilizado. Caso não encontre a fala naquele exato ponto, adiante ou atrase o filme em aproximadamente 5 minutos. Dessa forma, você certamente a encontrará.

b. **Episódios de séries de TV**

Na listagem colocamos o nome da série em inglês e em português, a temporada e o episódio utilizados. Por exemplo, **2.12** refere-se à temporada 2, episódio 12. Você também encontrará na listagem a data em que esse episódio estreou na TV, o(s) capítulo(s) em que apareceu e o tempo em que a fala selecionada aparece no vídeo, exatamente como no procedimento explicado anteriormente para os filmes.

Esperamos que o livro seja útil e que vocês tenham tanto prazer em utilizá-lo como tivemos ao fazê-lo. Bons estudos!

2. Lista de filmes e séries de TV utilizados

10 coisas que eu odeio em você *(10 things I hate about you)*

Filme inspirado na peça ***A megera domada****, de William Shakespeare, e ambientado em uma escola dos dias atuais.*

Lançamento: *1999*
Capítulo(s) em que foi utilizado: *2.2*
Tempo (capítulos): *00:27:36*

500 dias com ela *(500 days of summer)*

Jovem se apaixona por colega de trabalho e mantém um relacionamento com ela por 500 dias.

Lançamento: *2009*
Capítulo(s) em que foi utilizado: *2.4*
Tempo (capítulos): *00:58:56*

2012 *(2012)*

Escritor recebe informação de que o planeta será destruído por causa do aquecimento terrestre e tenta salvar sua família.

Lançamento: *2009*
Capítulo(s) em que foi utilizado: *2.2 / 2.3*
Tempos (capítulos): *02:20:00 (2.2 at. 1a) / 02:14:31 (2.2 at. 4d) / 02:21:17 (2.3)*

Abracadabra *(Hocus pocus)*

Três crianças e um gato falante precisam acabar com três bruxas banidas há 300 anos, que voltam à vida no dia das bruxas.

Lançamento: *1993*

Capítulo(s) em que foi utilizado: *2.3*

Tempos (capítulos): *00:48:26*

Advogado do diabo, O *(Devil's advocate)*

Advogado bem-sucedido de cidade do interior aceita oferta de trabalho de uma poderosa empresa de advocacia, colocando sua alma em risco.

Lançamento: *1997*

Capítulo(s) em que foi utilizado: *1.3*

Tempos (capítulos): *00:42:52*

Agente 86 *(Get smart)*

Agente do governo americano combate agência de governo estrangeiro com sua companheira.

Lançamento: *2008*

Capítulo(s) em que foi utilizado: *2.1*

Tempos (capítulos): *00:04:31*

Alguém tem que ceder *(Something's gotta give)*

Homem maduro que só namora meninas mais novas se apaixona por uma mulher bem-sucedida com idade próxima à dele.

Lançamento: *2003*

Capítulo(s) em que foi utilizado: *1.8*

Tempos (capítulos): *01:25:08 (1.8 at. 3a) / 01:24:32 (1.8 at. 3c)*

Alice no país das maravilhas *(Alice in Wonderland)*

Garota vive aventura em um mundo de fantasia.

Lançamento: *1951*

Capítulo(s) em que foi utilizado: *2.1*

Tempos (capítulos): *00:30:49*

Amor não tira férias, O *(The holiday)*

Duas mulheres com problemas de relacionamentos resolvem trocar de casa durante um feriado e acabam se envolvendo com homens do local.

Lançamento: *2006*

Capítulo(s) em que foi utilizado: *1.3 / 1.4 / 1.20 / 2.3*

Tempos (capítulos): *01:17:44 (1.3) / 01:54:48 (1.4) / 01:32:02 (1.20) / 00:59:45 (2.3)*

Assassinato em Gosford Park *(Gosford Park)*

História sobre o contraste entre a vida dos nobres e a de seus serviçais em uma mansão inglesa nos anos 1930.

Lançamento: *2001*
Capítulo(s) em que foi utilizado: *1.15 / 2.4*
Tempos (capítulos): *00:33:32 (1.15.3) / 00:37:46 (1.15, seção A, ex. 4) / 00:07:17 (2.4, seção A, ex. 2) / 01:47:40 (2.4, seção A, ex. 1)*

Assassinato no Expresso Oriente *(Murder in the Orient Express)*

Assassinato em um trem é investigado por detetive que considera todos os passageiros suspeitos.

Lançamento: *1974*
Capítulo(s) em que foi utilizado: *1.14*
Tempos (capítulos): *00:32:24*

Avatar *(Avatar)*

Um soldado paraplégico da Marinha americana é enviado à lua Pandora em uma missão, mas acaba dividido entre o dever e a proteção daquele mundo novo.

Lançamento: *2009*
Capítulo(s) em que foi utilizado: *1.8*
Tempos (capítulos): *00:08:43*

Aventuras de Peter Pan, As *(Peter Pan)*

Uma menina e seus irmãos são levados para um mundo de fantasia pelo herói de sua história favorita.

Lançamento: *1953*
Capítulo(s) em que foi utilizado: *1.2*
Tempos (capítulos): *00:32:16*

Aviador, O *(The Aviator)*

Cinebiografia do lendário diretor de cinema e aviador Howard Hughes.

Lançamento: *2004*
Capítulo(s) em que foi utilizado: *2.2*
Tempos (capítulos): *01:11:12*

Bastardos inglórios *(Inglorious basterds)*

Um grupo de judeus-americanos espalha medo entre militares do Terceiro Reich, na França ocupada pelos nazistas, durante a Segunda Guerra Mundial.

Lançamento: *2009*
Capítulo(s) em que foi utilizado: *1.3 / 1.6 / 1.11*
Tempos (capítulos): *00:49:00 (1.3) / 01:18:06 (1.6) / 00:31:06 (1.11)*

Batman begins *(Batman begins)*

Bruce Wayne está cansado da violência de Gotham City e decide se tornar o herói de que a cidade precisa.

Lançamento: *2005*
Capítulo(s) em que foi utilizado: *1.8*
Tempos (capítulos): *00:42:52*

Bela e a fera, A *(The beauty and the beast)*

Uma fera sequestra o pai de uma jovem, que se oferece para ficar presa em seu lugar e descobre que a fera é, na verdade, um príncipe.

Lançamento: *1991*
Capítulo(s) em que foi utilizado: *1.9 / 2.4 / 3.2*
Tempos (capítulos): *00:38:48 (1.9) / 00:30:21 (2.4) / 00:43:00 (3.2)*

Big Bang: a teoria *(Big Bang Theory, The)*

1. Raj sai na revista ***People,*** *fica cheio de si e deixa seus amigos de lado.*

Temporada/episódio: *2.04*
Primeira exibição na TV: *13/10/2008*
Capítulo(s) em que foi utilizado: *1.4*
Tempos (capítulos): *00:06:26*

2. Uma jovem aluna de graduação apaixona-se por Sheldon, o que deixa a ele e aos amigos dele impressionados.

Temporada/episódio: *2.06*
Primeira exibição na TV: *3/11/2008*
Capítulo(s) em que foi utilizado: *1.4*
Tempos (capítulos): *00:08:36*

3. Penny planeja vingança depois que Sheldon a expulsa do apartamento dele.

Temporada/episódio: *2.07*
Primeira exibição na TV: *10/11/2008*
Capítulo(s) em que foi utilizado: *1.19*
Tempos (capítulos): *00:13:10*

4. Raj vai a um encontro às escuras arranjado por seus pais, mas a moça se interessa por Sheldon.

Temporada/episódio: *1.08*
Primeira exibição na TV: *12/11/2007*
Capítulo(s) em que foi utilizado: *1.20*
Tempos (capítulos): *00:15:45*

5. Após seu primeiro encontro com Leonard, Penny se abre com Sheldon, que terá que guardar um segredo.

Temporada/episódio: *2.01*
Primeira exibição na TV: *22/9/2008*
Capítulo(s) em que foi utilizado: *1.20*
Tempos (capítulos): *00:11:32*

6. A visita desastrosa da mãe de Leonard acaba aproximando-o mais de Penny.

Temporada/episódio: *2.15*
Primeira exibição na TV: *9/2/2009*
Capítulo(s) em que foi utilizado: *1.20*
Tempos (capítulos): *00:03:53*

7. Howard fica deprimido depois que Penny faz comentários cruéis sobre sua vida amorosa. Os rapazes se preparam para uma batalha entre robôs assassinos.

Temporada/episódio: *2.12*
Primeira exibição na TV: *12/1/2009*
Capítulo(s) em que foi utilizado: *2.1*
Tempos (capítulos): *00:09:44*

8. Sheldon jura que vai se vingar de Kripke depois que ele o humilha no rádio. Howard recebe conselhos de Katee Sackhoff sobre sua relação com Bernardette.

Temporada/episódio: *3.09*
Primeira exibição na TV: *23/11/2009*
Capítulo(s) em que foi utilizado: *2.1*
Tempos (capítulos): *00:01:51*

9. Leonard aceita receber móveis comprados por Penny, mas acaba tendo problemas quando Sheldon não consegue resistir à tentação de limpar e arrumar o apartamento de sua vizinha.

Temporada/episódio: *1.02*
Primeira exibição na TV: *10/1/2007*
Capítulo(s) em que foi utilizado: *2.1*
Tempos: 00:00:51 (2.1)
Tempos (capítulo 3.1):
cena 1 (início até 00:03:48)
cenas 2-4 (de 00:04:12 a 00:10:56)
cena 5 (de 00:10:57 a 00:14:45)
cenas 6-9 (de 00:14:46 ao final do episódio)

10. Leslie e Leonard passam a noite juntos, mas Leslie não quer namorar Leonard.

Temporada/episódio: *1.05*

Primeira exibição na TV: *22/10/2007*

Capítulo(s) em que foi utilizado: *3.2*

Tempos (capítulos): *00:17:53*

11. Penny e Leonard brigam, e Sheldon age como mediador.

Temporada/episódio: *3.07*

Primeira exibição na TV: *9/11/2009*

Capítulo(s) em que foi utilizado: *3.4*

Tempos (capítulos): *00:12:48*

Bob Esponja: o filme *(The SpongeBob SquarePants Movie)*

Bob Esponja viaja à procura da coroa roubada do rei Neptuno.

Lançamento: *2004*

Capítulo(s) em que foi utilizado: *1.9*

Tempos (capítulos): *00:21:04*

Bom dia Vietnã *(Good morning Vietnam)*

DJ irreverente do exército anima os soldados americanos que estão lutando no Vietnã.

Lançamento: *1987*

Capítulo(s) em que foi utilizado: *1.11 / 2.4*

Tempos (capítulos): *01:10:07 (1.11) / 00:21:45 (2.4)*

Bones *(Bones)*

1. Booth e Bones investigam um aparente suicídio. A investigação leva à descoberta de um escândalo nas Forças Armadas.

Temporada/episódio: *1.21*

Primeira exibição na TV: *10/5/2006*

Capítulo(s) em que foi utilizado: *1.7 / 3.4*

Tempos (capítulos): *00:35:49 (1.7) / 00:19:06 (3.4)*

2. Bones tem que voltar mais cedo de suas férias quando um corpo sem ossos é encontrado.

Temporada/episódio: *2.16*

Primeira exibição na TV: *21/3/2007*

Capítulo(s) em que foi utilizado: *1.8 / 1.20*

Tempos (capítulos): *00:15:15 (1.8) / 00:33:17 (1.20)*

3. Booth e Bones investigam o caso do corpo de uma mulher encontrada dentro de uma antiga geladeira.

Temporada/episódio: *1.08*
Primeira exibição na TV: *29/11/2005*
Capítulo(s) em que foi utilizado: *1.9 / 1.13*
Tempos (capítulos): *00:04:56 (1.9) / 00:19:14 (1.13)*

4. Todos estão em quarentena no Smithsonian na véspera do Natal. Como não podem sair, procuram pistas para solucionar o mistério de um esqueleto encontrado em um antigo abrigo nuclear.

Temporada/episódio: *1.09*
Primeira exibição na TV: *13/12/2005*
Capítulo(s) em que foi utilizado: *1.14*
Tempos (capítulos): *00:19:33*

5. Booth e Bones investigam o caso do corpo de uma mulher, encontrado dentro do carro do membro de uma gangue e acabam chegando à casa de um senador.

Temporada/episódio: *1.13*
Primeira exibição na TV: *15/2/2006*
Capítulo(s) em que foi utilizado: *1.18*
Tempos (capítulos): *00:01:30*

6. Ao ajudar a identificar os restos mortais em um cemitério desativado que foi inundado, Bones encontra um esqueleto enterrado recentemente e dá início a uma investigação criminal.

Temporada/episódio: *2.17*
Primeira exibição na TV: *28/3/2007*
Capítulo(s) em que foi utilizado: *1.19*
Tempos (capítulos): *00:01:52*

7. Booth e Bones investigam a morte de uma jovem que tinha uma doença que a fazia envelhecer, o que faz a equipe identificá-la como uma mulher de 80 anos.

Temporada/episódio: *2.21*
Primeira exibição na TV: *16/5/2007*
Capítulo(s) em que foi utilizado: *1.19*
Tempos (capítulos): *00:14:44*

8. *Booth e Bones investigam a morte de um jovem que estava desaparecido; Bones acaba tendo conflitos com a equipe por causa da principal suspeita, que é uma jovem criada por pais adotivos.*

Temporada/episódio: *2.03*
Primeira exibição na TV: *13/9/2006*
Capítulo(s) em que foi utilizado: *1.20*
Tempos (capítulos): *00:30:30*

9. *A equipe do Jeffersonian encontra os restos mortais de uma estagiária no incinerador do laboratório, o que provoca suspeita entre os próprios colegas de trabalho.*

Temporada/episódio: *3.06*
Primeira exibição na TV: *6/11/2007*
Capítulo(s) em que foi utilizado: *1.20*
Tempos (capítulos): *00:15:20*

10. *Booth e Bones vão a Washington investigar um braço encontrado na barriga de um urso-negro.*

Temporada/episódio: *1.04*
Primeira exibição na TV: *1º/11/2005*
Capítulo(s) em que foi utilizado: *2.2 / 3.2*
Tempos (capítulos): *00:31:25 (2.2) / 00:13:10 (3.2)*

11. *Encontrando apenas o tórax dos restos mortais, Booth e Bones investigam a morte de uma pastora de uma igreja em Maryland.*

Temporada/episódio: *4.07*
Primeira exibição na TV: *8/10/2008*
Capítulo(s) em que foi utilizado: *2.3*
Tempos (capítulos): *00:05:50*

12. *Booth e Bones investigam um assassinato em um local que pode ter um tesouro pirata enterrado.*

Temporada/episódio: *1.18*
Primeira exibição na TV: *5/4/2006*
Capítulo(s) em que foi utilizado: *3.2*
Tempos (capítulos): *00:18:30*

13. *Booth e Bones vão trabalhar em um circo para descobrir o assassino de gêmeos siameses.*

Temporada/episódio: *4.11*
Primeira exibição na TV: *22/1/2009*
Capítulo(s) em que foi utilizado: *3.4*
Tempos (capítulos): *00:35:10*

Bridget Jones: no limite da razão *(Bridget Jones: the edge of reason)*

Bridget e Mark brigam e ela vai a trabalho para a Indonésia, onde se envolve em confusão, causando um incidente internacional.

Lançamento: *2004*

Capítulo(s) em que foi utilizado: *1.8*

Tempos (capítulos): *01:27:55*

Buffy: a caça-vampiros *(Buffy: the vampire slayer)*

1. Depois que Angel termina o relacionamento com Buffy, ela enfrenta três cães do inferno sozinha, para que seus colegas possam aproveitar a festa de formatura.

Temporada/episódio: *3.20*

Primeira exibição na TV: *11/5/1999*

Capítulo(s) em que foi utilizado: *1.4*

Tempos (capítulos): *00:33:21*

2. Um feitiço faz com que tudo o que seja dito se torne realidade, e as consequências são divertidas e ameaçadoras.

Temporada/episódio: *4.09*

Primeira exibição na TV: *30/11/1999*

Capítulo(s) em que foi utilizado: *1.7*

Tempos (capítulos): *00:28:00*

3. A colegial Buffy Summers enfrenta seu destino de caçadora de mortos-vivos.

Temporada/episódio: *1.01*

Primeira exibição na TV: *10/3/1997*

Capítulo(s) em que foi utilizado: *1.8*

Tempos (capítulos): *00:15:38*

4. Willow conhece a bruxa Rack e fica encantada com o que ela pode fazer.

Temporada/episódio: *6.10*

Primeira exibição na TV: *27/11/2001*

Capítulo(s) em que foi utilizado: *2.2*

Tempos (capítulos): *00:20:54*

Caça-fantasmas, Os *(Ghostbusters)*

Três professores doutores são subitamente dispensados do departamento de parapsicologia da universidade e decidem abrir uma empresa de caça-fantasmas.

Lançamento: *1984*

Capítulo(s) em que foi utilizado: *1.1 / 1.5 / 1.8 / 1.14 / 1.18 / 1.20 / 2.2*

Tempos (capítulos): *01:16:41 (1.1) / 00:50:26 (1.5) / 00:13:44 (1.8) / 00:22:30 (1.14) / 01:23:08 (1.18) / 00:56:10 (1.20) / 00:49:59 (2.2)*

Caça-fantasmas 2, Os *(Ghostbusters 2)*

A descoberta de um enorme rio de ectoplasma e atividade paranormal coloca os caça-fantasmas em ação novamente.

Lançamento: *1989*
Capítulo(s) em que foi utilizado: *1.4 / 1.14 / 2.4*
Tempos (capítulos): *00:55:33 (1.4) / 01:01:15 (1.14) / 01:18:56 (2.4)*

Caldeirão mágico, O *(The black cauldron)*

O jovem Taran e seus amigos vão em busca do caldeirão negro, evitando que essa arma poderosa caia nas mãos de um tirano.

Lançamento: *1985*
Capítulo(s) em que foi utilizado: *1.19*
Tempos (capítulos): *00:36:05*

Cartas para Julieta *(Letters to Juliet)*

Jovem jornalista viaja com o noivo para Itália e encontra carta de amor escrita em 1951.

Lançamento: *2010*
Capítulo(s) em que foi utilizado: *2.4*
Tempos (capítulos): *00:39:27*

Casablanca *(Casablanca)*

Casal se reencontra em Marrocos e relembra o passado.

Lançamento: *1942*
Capítulo(s) em que foi utilizado: *1.2 / 1.6*
Tempos (capítulos): *00:04:18 (1.2) / 01:11:54 (1.6)*

Casa comigo? *(Leap year)*

Uma jovem arma um esquema para pedir seu namorado em casamento no dia 29 de fevereiro, seguindo uma tradição irlandesa.

Lançamento: *2001*
Capítulo(s) em que foi utilizado: *1.8 / 2.3*
Tempos (capítulos): *00:05:43 (1.8) / 00:02:58 (2.3)*

Cidade dos anjos *(City of angels)*

Seth é um anjo que se apaixona por uma médica e luta para decidir se deixa de ser imortal para ficar com ela.

Lançamento: *1998*
Capítulo(s) em que foi utilizado: *1.12 / 2.3*
Tempos (capítulos): *00:43:10 (1.12) / 01:00:32 (2.3)*

Código Da Vinci, O *(The Da Vinci Code)*

Um assassinato no Museu do Louvre e pistas deixadas nas obras de Da Vinci levam à descoberta de segredos guardados há séculos.

Lançamento: *2006*
Capítulo(s) em que foi utilizado: *1.6 / 2.1 / 2.2*
Tempos (capítulos): *01:13:27 (1.6) / 01:04:55 (2.1, seção A) / 01:20:35 (2.1, seção B) / 00:32:31 (2.2)*

Como perder um homem em 10 dias *(How to lose a guy in 10 days)*

Ben e Andy se conhecem em um bar logo após cada um fazer uma aposta para ganhar algo em seu trabalho. Ele aposta que pode fazer qualquer mulher se apaixonar em 10 dias, e ela, que consegue perder qualquer homem em 10 dias.

Lançamento: *2003*
Capítulo(s) em que foi utilizado: *1.3 / 1.19 / 2.4*
Tempos (capítulos): *00:19:30 (1.3) / 00:49:37 (1.19) / 00:13:10 (2.4)*

Como se fosse a primeira vez *(50 first dates)*

Henry é avesso a compromissos até que conhece Lucy. O problema é que ela perdeu a memória recente em um acidente e no dia seguinte não lembra mais quem ele é.

Lançamento: *2004*
Capítulo(s) em que foi utilizado: *1.7*
Tempos (capítulos): *00:33:39*

Corcunda de Notre-Dame, O *(Hunchback of Notre-Dame, The)*

Quasímodo aventura-se fora da catedral de Notre-Dame em um concurso. Como ganhador, ele sofre com as gozações e torturas da multidão e é defendido pela bela cigana Esmeralda.

Lançamento: *1999 (Animação – Walt Disney)*
Capítulo(s) em que foi utilizado: *1.14 / 2.1*
Tempos (capítulos): *01:01:21 (1.14) / 01:19:00 (2.1)*

Crepúsculo *(Twilight)*

Garota adolescente se arrisca ao se apaixonar por um vampiro.

Lançamento: *2008*
Capítulo(s) em que foi utilizado: *1.3 / 1.20 / 2.2*
Tempos (capítulos): *00:16:55 (1.3) / 01:51:33 (1.20) / 00:08:30 (2.2)*

Criaturas atrás das paredes, As *(People under the stairs, The)*

Dois adultos e um delinquente juvenil invadem uma casa onde moram dois irmãos e crianças que foram roubadas e não conseguem escapar.

Lançamento: *1991*

Capítulo(s) em que foi utilizado: *1.2*

Tempos (capítulos): *00:22:16*

Da magia à sedução *(Practical magic)*

Sally e Gillian são duas bruxas do bem que lutam para acabar com uma maldição que acompanha sua família há mais de 200 anos.

Lançamento: *1998*

Capítulo(s) em que foi utilizado: *1.2 / 1.19*

Tempos (capítulos): *00:16:03 (1.2) / 01:14:20 (1.19)*

Dama e o vagabundo, A *(Lady and the tramp)*

História do romance entre uma cadelinha cocker spaniel e um cachorro vira-lata.

Lançamento: *1955*

Capítulo(s) em que foi utilizado: *1.15*

Tempos (capítulos): *00:40:33*

De volta para o futuro *(Back to the future)*

Após visitar o ano de 2015, Marty precisa voltar para o ano de 1955 para impedir que alguns acontecimentos sejam alterados.

Lançamento: *1985*

Capítulo(s) em que foi utilizado: *1.2 / 1.10*

Tempos (capítulos): *01:03:57 (1.2) / 00:04:41 (1.10)*

De volta para o futuro 3 *(Back to the future 3)*

Marty descobre que a vida do Dr. Emmet Brown está em perigo e vai à procura dele no Velho Oeste.

Lançamento: *1990*

Capítulo(s) em que foi utilizado: *1.10*

Tempos (capítulos): *01:18:05*

Diabo veste Prada, O *(Devil wears Prada)*

Alta executiva de revista de moda contrata jovem jornalista como assistente.

Lançamento: *2006*

Capítulo(s) em que foi utilizado: *2.4*

Tempos (capítulos): *00:07:27*

Diário da princesa, O *(Princess diaries)*

Garota inteligente, mas socialmente deslocada, descobre que é herdeira do trono do reino de Genovia e tem que se adaptar a essa nova realidade.

Lançamento: *2001*

Capítulo(s) em que foi utilizado: *1.4 / 1.16 / 1.20 / 3.4*

Tempos (capítulos): *00:16:00 (1.4) / 01:16:32 (1.16) / 01:17:42 (1.20) / 00:21:18 (3.4)*

Diário da princesa 2, O *(The princess diaries 2: royal engagement)*

A princesa Mia muda-se para o palácio de Genovia, onde é informada de que deverá se casar para ser coroada rainha.

Lançamento: *2004*

Capítulo(s) em que foi utilizado: *1.9 / 1.10*

Tempos (capítulos): *00:14:59 (1.9) / 01:18:00 (1.10)*

Do inferno *(From hell)*

Inspetor de polícia desvenda crimes de assassinato de prostitutas que podem ter relação com Jack, o estripador.

Lançamento: *2001*

Capítulo(s) em que foi utilizado: *1.6*

Tempos (capítulos): *00:52:00*

Dois homens e meio *(Two and a half men)*

1. Jake vê uma borboleta tatuada no traseiro de um dos casos de Charlie, e uma série de eventos desastrosos passam a ocorrer.

Temporada/episódio: *1.07*

Primeira exibição na TV: *3/11/2003*

Capítulo(s) em que foi utilizado: *1.8*

Tempos (capítulos): *00:02:13*

2. Jake passa o dia tocando guitarra e se recusa a falar por que está aborrecido. Judith acha que Jake está tendo dificuldades em aceitar o divórcio dos pais e sugere que ele faça terapia, mas Alan não gosta muito da ideia.

Temporada/episódio: *1.20*

Primeira exibição na TV: *19/4/2004*

Capítulo(s) em que foi utilizado: *1.11 / 1.19*

Tempos (capítulos): *00:08:40 (1.11) / 00:08:06 (1.19)*

3. Jake fica impressionado com o novo namorado de sua mãe, o que irrita Alan.

Temporada/episódio: *1.04*

Primeira exibição na TV: *11/10/2004*

Capítulo(s) em que foi utilizado: *1.19*

Tempos (capítulos): *00:18:26*

Dossiê pelicano, O *(The pelican brief)*

Estudante de direito descobre uma conspiração, colocando outros e a si mesma em perigo.

Lançamento: *1993*
Capítulo(s) em que foi utilizado: *1.16*
Tempos (capítulos): *00:40:55*

Dragão vermelho *(Red dragon)*

Will, um agente do FBI, é obrigado a usar o psicopata Hannibal Lecter como consultor para obter informações sobre um assassino em série.

Lançamento: *2002*
Capítulo(s) em que foi utilizado: *1.19*
Tempos (capítulos): *00:57:58*

Dumbo *(Dumbo)*

Um pequeno elefante que é ridicularizado por causa do tamanho de suas orelhas atinge todo seu potencial com a ajuda de um camundongo.

Lançamento: *1941*
Capítulo(s) em que foi utilizado: *2.2*
Tempos (capítulos): *00:28:49*

Duplex *(Duplex)*

Jovem casal se muda para um duplex com ótima localização em Nova Iorque, mas tem que se livrar da antiga inquilina.

Lançamento: *2003*
Capítulo(s) em que foi utilizado: *2.1*
Tempos (capítulos): *00.35.39 (2.1, seção B) e 00:02:55 (2.1 at. 3n)*

Ele não está tão a fim de você *(He's just not that into you)*

Gigi é uma jovem em busca de um relacionamento estável. Em meio a vários encontros, ela conhece Alex, que se torna seu amigo e passa a ajudá-la a interpretar o comportamento dos homens.

Lançamento: *2009*
Capítulo(s) em que foi utilizado: *1.4 / 1.9 / 1.10*
Tempos (capítulos): *01.34:37 (1.4) / 00:34:42 (1.9) / 01:25:50 (1.10)*

Elo perdido, O *(Man to man)*

Antropologistas caçam e capturam pigmeus, levando-os à Europa para estudá-los e assim ilustrar a ligação entre macacos e homens.

Lançamento: *2005*
Capítulo(s) em que foi utilizado: *1.3*
Tempos (capítulos): *01:29:47*

Em busca da Terra do Nunca *(Finding Neverland)*

A história da amizade de J. M. Barrie com uma família que o inspirou a criar Peter Pan.

Lançamento: *2004*
Capítulo(s) em que foi utilizado: *1.8 / 1.12 / 1.15*
Tempos (capítulos): *00:00:36 (1.8) / 00:47:35 (1.12) / 00:53:38 (1.15)*

Encontro marcado *(Meet Joe Black)*

A morte é um personagem vivido por Brad Pitt, que toma o corpo de um humano após um acidente fatal para pedir a um milionário, empresário bem-sucedido, que lhe apresente a vida dos humanos. Mas ele acaba se apaixonando pela filha dele.

Lançamento: *1998*
Capítulo(s) em que foi utilizado: *1.10 / 1.19*
Tempos (capítulos): *02:17:51 (1.10) / 01:10:31 (1.19)*

Encontros e desencontros *(Lost in translation)*

Astro de cinema e mulher solitária com marido viciado em trabalho se encontram em Tóquio e começam um relacionamento improvável.

Lançamento: *2003*
Capítulo(s) em que foi utilizado: *1.5 / 1.11 / 1.12*
Tempos (capítulos): *00:13:10 (1.5) / 01:20:24 (1.11) / 00:58:36 (1.12)*

Entrando numa fria *(Meet the parents)*

Enfermeiro apaixona-se por professora primária e viaja para conhecer os pais dela, um ex-agente da CIA e uma dona de casa.

Lançamento: *2000*
Capítulo(s) em que foi utilizado: *1.5 / 1.9 / 1.16*
Tempos (capítulos): *00:22:25 (1.5) / 00:51:17 (1.9) / 1:36:43 (1.16)*

Entrando numa fria maior ainda *(Meet the fockers)*

Grandes confusões acontecem quando a família Byrnes vai conhecer a família Focker.

Lançamento: *2004*
Capítulo(s) em que foi utilizado: *1.6 / 1.9 / 1.11 / 1.12 / 1.19 / 2.3*
Tempos (capítulos): *00:07:56 (1.6) / 00:38:33 (1.9) / 00:33:40 (1.11) / 00:01:13 (1.12) / 01:13:44 (1.19) / 01:31:54 (2.3)*

Era do Gelo, A *(Ice Age)*

Durante a Era do Gelo um mamute, uma preguiça e um tigre-dentes-de-sabre encontram um bebê humano e tentam devolvê-lo aos pais.

Lançamento: *2002*
Capítulo(s) em que foi utilizado: *1.2 / 1.11 / 1.14*
Tempos (capítulos): *00:26:26 (1.2) / 00:39:12 (1.11) / 00:06:50 (1.14)*

Era do Gelo 2, A *(Ice Age: the meltdown)*

A Era do Gelo está acabando e todos devem fugir para terras altas. Durante a viagem, Manny conhece um mamute fêmea e forma uma família.

Lançamento: *2006*
Capítulo(s) em que foi utilizado: *1.14*
Tempos (capítulos): *00:46:29 (2.14)*

Espanta tubarões, O *(Shark tales)*

Peixe trabalhador de um lava-jato tem sua vida transformada após ser atacado por um tubarão.

Lançamento: *2004*
Capítulo(s) em que foi utilizado: *1.6 / 1.7 / 1.8*
Tempos (capítulos): *00:07:01 (1.6) / 00:31:47 (1.7) / 0:34:14 (1.8)*

Estranho mundo de Jack, O *(Nightmare before Christmas)*

O rei do Halloween descobre a cidade do Natal, mas não entende bem o que acontece nessa data.

Lançamento: *1993*
Capítulo(s) em que foi utilizado: *1.2*
Tempos (capítulos): *00:48:48*

Falando grego *(My life in ruins)*

Uma guia turística redescobre seu lado romântico em uma viagem pela Grécia.

Lançamento: *2009*
Capítulo(s) em que foi utilizado: *1.1 / 1.3 / 1.19 / 2.1*
Tempos (capítulos): *00:58:22 (1.1) / 00:05:05 (1.3) / 00:30:43 (1.19, seção A) / 00:19:46 (1.19, seção D) / 01:02:11 (2.1)*

Falcão maltês, O *(Maltese falcon, The)*

Detetive é procurado por pessoas que procuram uma estatueta lendária.

Lançamento: *1941*
Capítulo(s) em que foi utilizado: *1.14*
Tempos (capítulos): *01:32:09*

Feitiço do tempo *(Groundhog day)*

Um meteorologista vive um mesmo dia de sua vida diversas vezes seguidas.

Lançamento: *1993*

Capítulo(s) em que foi utilizado: *1.7*

Tempos (capítulos): *00:44:44*

Friends *(Friends)*

1. *Monica descobre a risada falsa que Chandler reserva para as piadas ruins de seu chefe.*

Temporada/episódio: *5.12*

Primeira exibição na TV: *2/1/1999*

Capítulo(s) em que foi utilizado: *1.3*

Tempos (capítulos): *00:03:08*

2. *Julie convida Monica para fazer compras, e Rachel, sentindo-se traída, tenta ser simpática com Julie.*

Temporada/episódio: *2.02*

Primeira exibição na TV: *28/9/1995*

Capítulo(s) em que foi utilizado: *1.4*

Tempos (capítulos): *00:21:36 (1.4, seção A) / 00:06:54 (1.4, seção B)*

3. *Ross está prestes a se casar com Emily, mas percebe que Rachel é o amor da sua vida.*

Temporada/episódio: *4.21*

Primeira exibição na TV: *23/4/1998*

Capítulo(s) em que foi utilizado: *1.4*

Tempos (capítulos): *00:04:52*

4. *Joey vê uma mulher linda no apartamento da frente e decide que vai encontrá-la. Rachel dá uma gafe em sua entrevista de emprego, e Phoebe e Monica tentam provar uma à outra que têm o relacionamento mais apaixonado.*

Temporada/episódio: *5.17*

Primeira exibição na TV: *18/3/1999*

Capítulo(s) em que foi utilizado: *1.4*

Tempos (capítulos): *00:14:17*

5. *Rachel pede para Paul expressar seus sentimentos, mas ele exagera e não consegue mais se controlar.*

Temporada/episódio: *6.23*

Primeira exibição na TV: *11/5/2000*

Capítulo(s) em que foi utilizado: *1.4*

Tempos (capítulos): *00:06:00*

6. Rachel quebra a cadeira favorita de Joey, e Monica ganha o Porsche de seu pai quando ele quer provar que a ama tanto quanto ama Ross.

Temporada/episódio: *7.13*
Primeira exibição na TV: *1º/2/2001*
Capítulo(s) em que foi utilizado: *1.4*
Tempos (capítulos): *00:15:41*

7. Rachel rouba as chaves do Porsche de Monica para dar uma volta e, por causa do namorado da Phoebe, Joey decide provar lingerie feminina.

Temporada/episódio: *7.22*
Primeira exibição na TV: *10/5/2001*
Capítulo(s) em que foi utilizado: *1.4*
Tempos (capítulos): *00:05:45*

8. Chandler vê Rachel nua, e Joey fica sabendo que seu pai está tendo um caso.

Temporada/episódio: *1.13*
Primeira exibição na TV: *19/1/1995*
Capítulo(s) em que foi utilizado: *1.5*
Tempos (capítulos): *00:22:21*

9. Phoebe e Rachel veem Chandler entrar no carro de uma mulher e acham que ele está traindo a Monica, quando na verdade ela é uma corretora de imóveis.

Temporada/episódio: *10.10*
Primeira exibição na TV: *15/1/2004*
Capítulo(s) em que foi utilizado: *1.8*
Tempos (capítulos): *00:21:50*

10. Ross tenta ensinar artes marciais para Rachel e Phoebe.

Temporada/episódio: *6.17*
Primeira exibição na TV: *9/3/2000*
Capítulo(s) em que foi utilizado: *1.8*
Tempos (capítulos): *00:04:53*

11. Chandler faz reserva para um fim de semana romântico em Vermont, mas Monica está muito cansada para ir por causa do restaurante que vai de vento em popa, então Ross acaba indo com ele.

Temporada/episódio: *9.19*
Primeira exibição na TV: *17/4/2003*
Capítulo(s) em que foi utilizado: *1.9*
Tempos (capítulos): *00:11:50*

12. *Todos vão assistir à peça teatral de Joey e, mais tarde, ele consegue um papel em um filme com Al Pacino.*

Temporada/episódio: *1.06*
Primeira exibição na TV: *27/10/1994*
Capítulo(s) em que foi utilizado: *1.10*
Tempos (capítulos): *00:14:00*

13. *Ross entende que Joey está apaixonado por Rachel. Joey a leva para jantar e se declara.*

Temporada/episódio: *8.16*
Primeira exibição na TV: *28/2/2002*
Capítulo(s) em que foi utilizado: *1.10*
Tempos (capítulos): *00:03:28*

14. *Ross tem uma crise nervosa ao descobrir que alguém comeu seu sanduíche no trabalho.*

Temporada/episódio: *5.09*
Primeira exibição na TV: *10/12/1998*
Capítulo(s) em que foi utilizado: *1.11*
Tempos (capítulos): *00:13:00*

15. *Joey perde seu plano de saúde, descobre que tem uma hérnia, e recusa-se a ir a um hospital até voltar a trabalhar e recuperar seu plano.*

Temporada/episódio: *6.04*
Primeira exibição na TV: *11/5/2000*
Capítulo(s) em que foi utilizado: *1.12*
Tempos (capítulos): *00:11:01* e *00:12:38*

16. *Rachel entra em pânico à medida que a data do nascimento do bebê se aproxima.*

Temporada/episódio: *8.20*
Primeira exibição na TV: *25/4/2002*
Capítulo(s) em que foi utilizado: *1.13*
Tempos (capítulos): *00:04:42*

17. *Joey, Rachel e Phoebe estão chateados com Chandler, Monica e Ross porque eles não percebem que os três não têm dinheiro para dar um presente caro para Ross e para acompanhá-los em restaurantes caros.*

Temporada/episódio: *2.05*
Primeira exibição na TV: *19/10/1995*
Capítulo(s) em que foi utilizado: *1.14*
Tempos (capítulos): *00:10:50*

18. Monica está desconsolada por ter rompido o namoro com Richard.

Temporada/episódio: *3.01*
Primeira exibição na TV: *19/9/1996*
Capítulo(s) em que foi utilizado: *1.19*
Tempos (capítulos): *00:05:00*

19. A mãe de Chandler vai a Nova Iorque visitá-lo. Monica e Phoebe provocam um acidente no trânsito.

Temporada/episódio: *1.11*
Primeira exibição na TV: *5/1/1995*
Capítulo(s) em que foi utilizado: *2.1*
Tempos (capítulos): *00:05:16*

20. Todos se surpreendem quando descobrem que Phoebe tem um marido.

Temporada/episódio: *2.04*
Primeira exibição na TV: *12/10/1995*
Capítulo(s) em que foi utilizado: *2.1*
Tempos (capítulos): *00:18:36*

21. Carol e Susan pedem para Ross ajudá-las a preparar seu casamento.

Temporada/episódio: *2.11*
Primeira exibição na TV: *18/1/1996*
Capítulo(s) em que foi utilizado: *2.1*
Tempos (capítulos): *00:00:35*

22. Vizinho morre e deixa herança para Monica e Rachel.

Temporada/episódio: *2.03*
Primeira exibição na TV: *5/10/1995*
Capítulo(s) em que foi utilizado: *2.1*
Tempos (capítulos): *00:08:50*

23. Monica fica obcecada em consertar um interruptor, mas não consegue e desiste.

Temporada/episódio: *4.15*
Primeira exibição na TV: *26/2/1998*
Capítulo(s) em que foi utilizado: *1.19 / 3.4*
Tempos (capítulos): *00:07:17 (1.19) / 00:16:30 (3.4)*

24. Ross decide visitar seu antigo macaco de estimação que foi doado ao zoológico e fica sabendo que ele morreu.

Temporada/episódio: *2.13*
Primeira exibição na TV: *28/1/1996*
Capítulo(s) em que foi utilizado: *2.3*
Tempos (capítulos): *00:05:50*

25. Monica e Richard se encontram e decidem continuar se vendo como amigos.

Temporada/episódio: *3.13*

Primeira exibição na TV: *30/1/1997*

Capítulo(s) em que foi utilizado: *2.3*

Tempos (capítulos): *00:22:08*

26. Ross muda-se para um novo apartamento e recusa-se a colaborar para a festa de aposentadoria do ajudante do prédio, o que faz com que os moradores não gostem dele.

Temporada/episódio: *5.15*

Primeira exibição na TV: *18/2/1999*

Capítulo(s) em que foi utilizado: *2.3*

Tempos (capítulos): *00:05:51*

27. Chandler fica apavorado porque decide limpar o apartamento, mas depois não se lembra onde ficam as coisas, o que deixará Monica irritada.

Temporada/episódio: *6.07*

Primeira exibição na TV: *11/11/1999*

Capítulo(s) em que foi utilizado: *2.3*

Tempos (capítulos): *00:10:20*

28. É ano-novo e todos tomam resoluções que causam muita confusão.

Temporada/episódio: *5.11*

Primeira exibição na TV: *7/1/1999*

Capítulo(s) em que foi utilizado: *3.2*

Tempos (capítulos): *00:02:08 a 00:03:19 (at. 8 – trecho 1) / 00:03:28 a 00:03:58 (at. 8 – trecho 2) / 00:02:06 (at.10)*

29. Joey consegue o papel principal em um filme que será filmado em Las Vegas, e Chandler decide visitá-lo.

Temporada/episódio: *5.22*

Primeira exibição na TV: *11/5/1999*

Capítulo(s) em que foi utilizado: *3.4*

Tempos (capítulos): *00:04:14*

Garotas do calendário *(Calendar girls)*

Senhoras de meia-idade juntam-se para arrecadar dinheiro para pesquisas de combate à leucemia por meio da venda de um calendário em que elas posam nuas.

Lançamento: *2003*

Capítulo(s) em que foi utilizado: *1.11*

Tempos (capítulos): *00:30:47*

Gasparzinho: o fantasminha camarada *(Casper)*

Um estudioso da paranormalidade e a filha vão morar em um casarão abandonado ocupado por três fantasmas malvados e um bonzinho.

Lançamento: *1995*
Capítulo(s) em que foi utilizado: *3.4*
Tempos (capítulos): *00:01:19*

Gênio indomável *(Good will hunting)*

Um jovem que já teve passagens pela polícia revela-se um gênio em matemática e é obrigado a fazer terapia por determinação legal.

Lançamento: *1997*
Capítulo(s) em que foi utilizado: *1.4 / 1.19*
Tempos (capítulos): *00:20:13 (1.4) / 00:23:23 (1.19)*

Green card: passaporte para o amor *(Green card)*

Homem que deseja se estabelecer nos Estados Unidos se casa por conveniência com uma americana que precisa do dinheiro para comprar um apartamento, mas eles acabam se apaixonando.

Lançamento: *1990*
Capítulo(s) em que foi utilizado: *1.14*
Tempos (capítulos): *01:07:42*

Harry Potter e a pedra filosofal *(Harry Potter and the sorcerer's stone)*

Jovem é convidado a integrar escola de bruxaria onde está escondida pedra que promete imortalidade.

Lançamento: *2001*
Capítulo(s) em que foi utilizado: *1.2 / 1.7 / 1.9*
Tempos (capítulos): *00:48:12 (1.2) / 00:28:50 (1.7) / 02:23:35 (1.9)*

Harry Potter e a câmara secreta *(Harry Potter and the chamber of secrets)*

Jovem bruxo é alertado sobre o perigo que corre caso volte à escola de bruxaria. Ao retornar às aulas, pessoas passam a aparecer petrificadas.

Lançamento: *2002*
Capítulo(s) em que foi utilizado: *1.3 / 1.6 / 1.14 / 1.20*
Tempos (capítulos): *01:04:55 (1.3) / 02:20:43 (1.6) / 00:51:58 (1.14) / 01:02:31 (1.20)*

Harry Potter e o prisioneiro de Azkaban *(Harry Potter and the prisoner of Azkaban)*

Jovem bruxo acredita estar sendo perseguido por um perigoso criminoso.

Lançamento: *2004*
Capítulo(s) em que foi utilizado: *1.15*
Tempos (capítulos): *00:17:25*

Harry Potter e o cálice de fogo *(Harry Potter and the goblet of fire)*

Jovem bruxo é escolhido para participar de um perigoso torneio.

Lançamento: 2005

Capítulo(s) em que foi utilizado: *1.4 / 1.8 / 2.2*

Tempos (capítulos): *01:10:04 (1.4, seção B) / 01:17:15 (1.4, seção C) / 01:05:16 (1.8) / 01:09:52 (2.2)*

Harry Potter e a Ordem da Fênix *(Harry Potter and the Order of the Phoenix)*

Jovem bruxo se vê sozinho e desacreditado depois de avisar que feiticeiro cruel estaria preparando sua volta ao poder.

Lançamento: *2007*

Capítulo(s) em que foi utilizado: *1.13 / 1.15 / 2.1 / 2.2*

Tempos (capítulos): *00:38:38 (1.13) / 00:22:23 (1.15) / 01:14:49 (2.1) / 01:43:26 (2.2)*

Harry Potter e o enigma do príncipe *(Harry Potter and the half blood prince)*

Jovem bruxo descobre como feiticeiro cruel se tornou imortal.

Lançamento: *2009*

Capítulo(s) em que foi utilizado: *1.1 / 1.6 / 1.9 / 2.1*

Tempos (capítulos): *01:22:32 (1.1) / 01:24:32 (1.6, seção C) e 01:22:10 (1.6 at.1g) / 00:04:36 (1.9) / 00:38:52 (2.1)*

Harry Potter e as relíquias da morte – Parte 1 *(Harry Potter and the deathly hallows 1)*

Na tentativa de destruir seu inimigo, jovem bruxo sai em busca de horcruxes *e depara-se com os objetos mais poderosos do mundo da bruxaria.*

Lançamento: *2010*

Capítulo(s) em que foi utilizado: *2.4*

Tempo (capítulos): 00:24:03

Herança de Mr. Deeds, A *(Mr. Deeds)*

Deeds leva uma vida tranquila até que recebe uma farta herança de seu tio, bem como o comando de sua empresa.

Lançamento: *2002*

Capítulo(s) em que foi utilizado: *1.9 / 1.12 / 2.2*

Tempos (capítulos): *01:08:34 (1.9) / 00:06:10 (1.12) / 00:24:10 (2.2)*

Hitch: o conselheiro amoroso *(Hitch)*

Conselheiro amoroso entra em uma fria ao se apaixonar pela colunista de jornal que tenta desvendar seu secreto esquema de conquistas.

Lançamento: *2005*

Capítulo(s) em que foi utilizado: *1.4 / 1.5 / 1.8 / 1.12 / 2.3*

Tempos (capítulos): *01:27:12 (1.4) / 00:43:57 (1.5) / 01:20:25 (1.8) / 00:08:24 (1.12) / 01:12:33 (2.3)*

Homem-aranha *(Spiderman)*

Jovem é picado por aranha geneticamente modificada, passa a ter superpoderes e a combater o crime.

Lançamento: *2002*
Capítulo(s) em que foi utilizado: *2.2*
Tempos (capítulos): *01:43:35*

Homem de ferro, O *(Iron man)*

Empreendedor do ramo de munições é feito refém em país inimigo. Durante sua estada, constrói arma que o torna superior a seus adversários.

Lançamento: *2008*
Capítulo(s) em que foi utilizado: *1.2 / 2.2*
Tempos (capítulos): *00:48:28 (1.2) / 00:22:29 (2.2 at. 3a) e 01:12:52 (2.2, seção A)*

Homem que sabia demais, O *(The man who knew too much)*

Uma família em férias em Marrocos se depara com um plano de assassinato e passa a ser ameaçada.

Lançamento: *1956*
Capítulo(s) em que foi utilizado: *1.17*
Tempos (capítulos): *00:50:50*

Homens de preto *(Men in black)*

Grupo de agentes terráqueos controla acesso de ETs ao planeta Terra.

Lançamento: *1997*
Capítulo(s) em que foi utilizado: *1.14*
Tempos (capítulos): *01:17:09*

Homens de preto 2 *(Men in black 2)*

Jay precisa de ajuda e procura Kevin para recuperar a memória.

Lançamento: *2002*
Capítulo(s) em que foi utilizado: *2.2*
Tempos (capítulos): *00:40:03*

Homem sério, Um *(A serious man)*

A vida de um professor contada por meio de uma série de incidentes.

Lançamento: *2009*
Capítulo(s) em que foi utilizado: *2.1*
Tempos (capítulos): *00:32:57*

House *(House M.D.)*

1. A equipe ajuda a cuidar de um garoto com choques elétricos sem explicação, e House recebe a visita dos pais.

Temporada/episódio: *2.05*
Primeira exibição na TV: *8/11/2005*
Capítulo(s) em que foi utilizado: *1.7*
Tempos (capítulos): *00:39:13*

2. Uma sem-teto tem convulsões e o doutor Foreman acha que ela está fingindo para dormir e comer no hospital de graça, mas o doutor Wilson faz com que House cuide do caso.

Temporada/episódio: *1.10*
Primeira exibição na TV: *8/2/2005*
Capítulo(s) em que foi utilizado: *1.12*
Tempos (capítulos): *00:15:37*

3. A equipe cuida de uma mulher que tomou um frasco de soníferos, justificando que não conseguia dormir havia dez dias.

Temporada/episódio: *2.18*
Primeira exibição na TV: *18/4/2006*
Capítulo(s) em que foi utilizado: *1.13 / 2.2*
Tempos (capítulos): *00:38:05 (1.13) / 00:09:41 (2.2)*

4. House recorre a procedimentos não ortodoxos para salvar a vida de Foreman.

Temporada/episódio: *2.21*
Primeira exibição na TV: *3/5/2006*
Capítulo(s) em que foi utilizado: *1.13*
Tempos (capítulos): *00:17:58*

5. Uma mulher apresenta sintomas da doença do sono africana.

Temporada/episódio: *1.07*
Primeira exibição na TV: *28/12/2004*
Capítulo(s) em que foi utilizado: *1.17*
Tempos (capítulos): *00:15:53*

6. A equipe ajuda um garoto de 16 anos que sofre de visão dupla e tem pesadelos.

Temporada/episódio: *1.02*
Primeira exibição na TV: *23/11/2004*
Capítulo(s) em que foi utilizado: *2.1*
Tempos (capítulos): *00:04:12*

7. Mágico sofre um ataque cardíaco durante um show, e House se interessa pelo caso na medida em que complicações aparecem.

Temporada/episódio: *4.08*
Primeira exibição na TV: *20/11/2007*
Capítulo(s) em que foi utilizado: *2.2*
Tempos (capítulos): *00:05:32*

8. *House trata um casal, e mais um de seus abusos verbais pode ter consequências desastrosas.*

Temporada/episódio: *3.05*
Primeira exibição na TV: *31/10/2006*
Capítulo(s) em que foi utilizado: *2.2*
Tempos (capítulos): *00:08:43*

9. *Uma vítima de assalto sofre consequências neurológicas e passa a imitar o comportamento dos médicos que o estão tratando.*

Temporada/episódio: *4.05*
Primeira exibição na TV: *30/10/2007*
Capítulo(s) em que foi utilizado: *2.2*
Tempos (capítulos): *00:32:00*

Indiana Jones e a última cruzada *(Indiana Jones and the last crusade)*

Pai de arqueólogo desaparece e ele tem que impedir os nazistas de concluirem seu plano terrível.

Lançamento: *1989*
Capítulo(s) em que foi utilizado: *2.1 / 2.2*
Tempos (capítulos): *00:34:45 (2.1) / 00:43:37 (2.2)*

Inimigos públicos *(Public enemies)*

Agentes federais lutam para prender gângsteres durante a onda de crimes da década de 1930 nos Estados Unidos.

Lançamento: *2009*
Capítulo(s) em que foi utilizado: *1.16*
Tempos (capítulos): *00:23:27*

Janela secreta, A *(Secret window)*

Um escritor é acusado de plágio por um homem desconhecido, que passa a ameaçá-lo.

Lançamento: *2004*
Capítulo(s) em que foi utilizado: *1.4 / 1.8 / 1.9 / 2.4*
Tempos (capítulos): *01:28:57 (1.4) / 00:28:23 (1.8) / 00:05:38 (1.9) / 00:40:06 (2.4)*

Jogo de amor em Las Vegas *(What happens in Vegas)*

Em Las Vegas, Joy e Jack apostam uma moeda em um caça-níqueis e ganham 3 milhões, o que causará uma confusão para dividir o prêmio, já que eles acabaram de se casar após uma noite de bebedeira.

Lançamento: *2008*
Capítulo(s) em que foi utilizado: *2.4*
Tempos (capítulos): *00:04:55*

Juno *(Juno)*

Adolescente grávida decide entregar o bebê para um casal que não pode ter filhos.

Lançamento: *2007*

Capítulo(s) em que foi utilizado: *2.2*

Tempos (capítulos): *00:30:17*

Kung fu panda *(Kung fu panda)*

Um panda é escolhido como o mais bravo e hábil guerreiro local, apesar de estar acima do peso e não saber lutar.

Lançamento: *2008*

Capítulo(s) em que foi utilizado: *2.2*

Tempos (capítulos): *01:09:10*

Legalmente loira *(Legally blond)*

Elle Woods é a típica mulher fútil; vive da aparência e tem um namorado que adora. Quando o namorado a deixa para ir estudar direito em Harvard, Elle muda sua vida para estar perto de seu amado.

Lançamento: *2001*

Capítulo(s) em que foi utilizado: *1.4 / 1.6 / 1.10 / 1.14 / 1.17 / 1.20*

Tempos (capítulos): *01:04:30 (1.4) / 00:26:44 (1.6) / 00:13:13 (1.10) / 00:49:20 (1.14) / 00:12:37 (1.17, seção A, ex. 2) / 00:17:04 (1.17, seção A, ex. 6) / 00:37:00 (1.20)*

Lenda do tesouro perdido, A *(National treasure)*

Caçador de tesouros está no caminho certo para descobrir um tesouro mítico, mas tem que enfrentar seu ex-chefe que passou a ser seu inimigo.

Lançamento: *2007*

Capítulo(s) em que foi utilizado: *1.2 / 1.18*

Tempos (capítulos): *01:40:44 (1.2) / 01:33:38 (1.18)*

Lenda do tesouro perdido, A: livro dos segredos *(National treasure: book of secrets)*

Um caçador de tesouros tenta descobrir a verdade acerca do assassinato de Abraham Lincoln.

Lançamento: *2004*

Capítulo(s) em que foi utilizado: *1.9 / 2.1*

Tempos (capítulos): *00:45:50 (1.9) / 01:08:40 (2.1)*

Liga extraordinária, A *(The league of extraordinary gentleman)*

Na era Vitoriana, um grupo de personagens famosos da literatura clássica se alia para cumprir uma missão.

Lançamento: *2003*
Capítulo(s) em que foi utilizado: *1.2*
Tempos (capítulos): *00:54:48*

Ligações perigosas *(Dangerous liaisons)*

As intrigas amorosas da nobreza, às vésperas da Revolução Francesa.

Lançamento: *1988*
Capítulo(s) em que foi utilizado: *1.1*
Tempos (capítulos): *00:26:37*

Linha do tempo *(Timeline)*

Ao tentar resgatar seu professor, um grupo de alunos de arqueologia fica preso na França do século IV.

Lançamento: *2003*
Capítulo(s) em que foi utilizado: *1.2 / 2.2*
Tempos (capítulos): *01:19:09 (1.2) / 00:24:50 (2.2 at. 2a) / 00:11:50 (2.2 at. 2b)*

Lugar chamado Notting Hill, Um *(Notting Hill)*

A vida de um dono de livraria vira de cabeça para baixo quando ele conhece uma famosa atriz de cinema.

Lançamento: *1999*
Capítulo(s) em que foi utilizado: *1.8 / 2.1 / 2.4*
Tempos (capítulos): *00:44:03 (1.8) / 00:45:36 (2.1) / 00:18:00 (2.4 at. 1a) e 00:35:34 (2.4 at. 3e)*

Madagascar *(Madagascar)*

Quatro animais de zoológico mimados fogem e se deparam com a dureza que é a vida na selva.

Lançamento: *2005*
Capítulo(s) em que foi utilizado: *1.12 / 2.2 / 3.4*
Tempos (capítulos): *00:25:38 (1.12, seção B, ex. 2) e 00:25:38 (1.2, seção C, ex. 2) / 00:50:55 (2.2)*
Tempos (partes capítulo): *3.3*
Cenas 3 a 6: *at. 1 (00:08:39 a 00:24:10)*
Cena 16: *at. 4*
Cena 1: *at. 5a (00:01:29 a 00:01:45)*
Cena 3: *at. 5b (00:09:01 a 00:11:50)*
Cena 4: *at. 5c (00:14:00 a 00:14:50)*

Madagascar: a grande escapada *(Madagascar: escape 2 Africa)*

Animais do zoológico de Nova Iorque pousam na África e se deparam com animais selvagens.

Lançamento: *2008*

Capítulo(s) em que foi utilizado: *1.6 / 1.13 / 1.14*

Tempos (capítulos): *00:52:06 (1.6) / 00:17:40 (1.13) / 00:11:15 (1.14)*

Máfia no divã *(Analyze this)*

O paciente mais importante de um psiquiatra é um inseguro chefão da máfia.

Lançamento: *1999*

Capítulo(s) em que foi utilizado: *3.2*

Tempos (capítulos): *00:20:26*

Mais estranho que a ficção *(Stranger than fiction)*

Um auditor da receita federal começa a ouvir sua própria vida narrada por um narrador que só ele ouve.

Lançamento: *2006*

Capítulo(s) em que foi utilizado: *2.1*

Tempos (capítulos): *00:14:50 (2.1 at. 3f) / 00:15:00 (2.1 at. 3h)*

Mansão Marsten, A *(Salem's lot)*

O escritor Bem Mears volta à cidade onde cresceu e descobre que ela está sendo aterrorizada por vampiros.

Lançamento: *2004*

Capítulo(s) em que foi utilizado: *1.12*

Tempos (capítulos): *1:20:57*

Máquina mortífera 2 *(Lethal weapon 2)*

A dupla de policiais Riggs e Murtough persegue diplomatas sul-africanos que aproveitam sua imunidade para cometer crimes.

Lançamento: *1989*

Capítulo(s) em que foi utilizado: *1.10*

Tempos (capítulos): *00:50:57*

Mary Poppins *(Mary Poppins)*

Uma babá mágica vai trabalhar na casa de um rico banqueiro.

Lançamento: *1964*

Capítulo(s) em que foi utilizado: *1.2*

Tempos (capítulos): *01:43:15*

Máskara, O *(The mask)*

Bancário frustrado e desprezado depara-se com uma máscara mágica que o transforma em uma pessoa com poderes fantásticos.

Lançamento: *1994*
Capítulo(s) em que foi utilizado: *1.14*
Tempos (capítulos): *01:20:13*

Melhor amigo da noiva, O *(Made of honor)*

Rapaz apaixonado por amiga que está noiva tenta conquistá-la depois de aceitar ser seu padrinho de casamento.

Lançamento: *2008*
Capítulo(s) em que foi utilizado: *1.11*
Tempos (capítulos): *00:16:39*

Melhor é impossível *(As good as it gets)*

Homem rabugento e cheio de manias tem sua vida alterada ao entrar em contato com uma garçonete.

Lançamento: *1997*
Capítulo(s) em que foi utilizado: *1.14 / 2.2*
Tempos (capítulos): *00:09:13 (1.14) / 00:06:50 (2.2)*

Mensagem para você *(You've got mail)*

Joe e Kathleen tornam-se rivais quando Joe abre uma filial de sua rede de livrarias e acaba tirando Kathleen dos negócios. No entanto, eles acabam se apaixonando por meio de conversas anônimas pela internet, já que não sabem quem são.

Lançamento: *1998*
Capítulo(s) em que foi utilizado: *1.4 / 1.10*
Tempos (capítulos): *01:48:28 (1.4) / 01:03:22 (1.10)*

Mentiroso, O *(Liar liar)*

Advogado bem-sucedido não pode mentir por 24 horas por causa de um desejo de aniversário de seu filho.

Lançamento: *1997*
Capítulo(s) em que foi utilizado: *1.15*
Tempos (capítulos): *00:46:34*

Mestre dos mares: o lado mais distante do mundo *(Master and commander: the far side of the Earth)*

Um capitão britânico leva sua tripulação ao limite ao perseguir um navio de guerra francês, durante as batalhas napoleônicas.

Lançamento: *2003*
Capítulo(s) em que foi utilizado: *2.2*
Tempos (capítulos): *01:45:55*

Meu malvado favorito *(Despicable me)*

Uma das maiores mentes criminosas do mundo usa três garotas órfãs para executar um grande plano, mas o amor delas o transforma.

Lançamento: *2010*
Capítulo(s) em que foi utilizado: *3.4*
Tempos (capítulos):
Cena 10: *at. 5a (00:36:48 a 00:38:39)*
Cena 14: *at. 5b (00:54:08 a 00:55:48)*
Cena 16: *at. 5c (01:02:06 a 01:05:48)*

Missão impossível *(Mission impossible)*

Agente especial perde toda sua equipe durante ação e passa a tentar descobrir por que isso aconteceu.

Lançamento: *1996*
Capítulo(s) em que foi utilizado: *1.6*
Tempos (capítulos): *00:05:26*

Missão impossível 2 *(Mission impossible 2)*

Um agente secreto é enviado a Sydney para encontrar e destruir um vírus criado em laboratório.

Lançamento: *2000*
Capítulo(s) em que foi utilizado: *1.2 / 1.9 / 2.4*
Tempos (capítulos): *00:51:11 (1.2) / 00:36:55 (1.9) / 00:18:56 (2.4)*

Mogli: o menino lobo *(The jungle book)*

Uma pantera e um urso não conseguem convencer um menino que ele deve ir para a civilização.

Lançamento: *1967*
Capítulo(s) em que foi utilizado: *1.8*
Tempos (capítulos): *00:39:30*

Monstros S.A. *(Monsters Inc.)*

Monstros S.A. é uma fábrica de sustos onde trabalham Mike e Sullivan, que, sem querer, trazem uma menina para seu mundo, onde os humanos são considerados tóxicos.

Lançamento: *2001*
Capítulo(s) em que foi utilizado: *1.10 / 2.3*
Tempos (capítulos): *1:00:35 (1.10) / 01:00:37 (2.3, seção A) / 00:34:34 (2.3, seção C)*

Monstros *vs.* alienígenas *(Monster vs. aliens)*

Um meteorito cai do céu e transforma uma jovem em um gigante. Ela é levada para um abrigo secreto do governo americano, onde faz amizade com outras aberrações.

Lançamento: *2009*
Capítulo(s) em que foi utilizado: *1.1 / 1.13*
Tempos (capítulos): *00:48:52 (1.1) / 00:06:34 (1.13)*

Múmia, A *(The mummy)*

Americano que serve a legião estrangeira francesa acidentalmente desperta uma múmia nas escavações de uma cidade perdida.

Lançamento: *1999*
Capítulo(s) em que foi utilizado: *1.14*
Tempos (capítulos): *00:23:29*

Muppets na ilha do tesouro, Os *(Muppet treasure island)*

Jim Hawkins herda o mapa de um tesouro e vai em busca do ouro.

Lançamento: *1996*
Capítulo(s) em que foi utilizado: *1.20*
Tempos (capítulos): *00:20:07*

Negociação, A *(The negotiator)*

Injustamente acusado de corrupção e assassinato, um negociador da polícia faz reféns para ganhar tempo e provar sua inocência.

Lançamento: *1998*
Capítulo(s) em que foi utilizado: *1.15 / 2.2*
Tempos (capítulos): *01:30:53 (1.15) / 01:12:24 (2.2 at. 1b)*

Noite no museu 2, Uma *(Night at the museum: battle of the Smithsonian)*

Larry, segurança de um museu, vai ao Smithsonian para resgatar Jerediah e Octavious, que foram enviados para lá por engano.

Lançamento: *2009*
Capítulo(s) em que foi utilizado: *2.1 / 2.3*
Tempos (capítulos): *01:15:28 (2.1, seção A) e 01:23:55 (2.1, seção B) / 00:57:25 (2.3)*

Noiva cadáver, A *(Corpse bride)*

Ao fazer seus votos de núpcias em um bosque, um noivo tímido faz com que o cadáver de uma noiva se levante de sua cova.

Lançamento: *2005*
Capítulo(s) em que foi utilizado: *1.1*
Tempos (capítulos): *00:55:50*

Nome da rosa, O *(The name of the rose)*

Um monge investiga uma série de mortes em uma abadia.

Lançamento: *1986*
Capítulo(s) em que foi utilizado: *1.2*
Tempos (capítulos): *00:13:42*

Outros, Os *(The others)*

Uma mulher e seus filhos sensitivos acreditam que a casa em que moram é assombrada.

Lançamento: *2001*
Capítulo(s) em que foi utilizado: *1.19*
Tempos (capítulos): *00:27:30*

Pacto sinistro *(Strangers on a train)*

Homens fazem pacto em trem após discurso sobre a teoria da "troca de assassinatos".

Lançamento: *1951*
Capítulo(s) em que foi utilizado: *1.2 / 1.17*
Tempos (capítulos): *01:04:26 (1.2) / 01:01:25 (1.17)*

Pai da noiva, O *(Father of the bride)*

Ao perceber que a filha vai se casar, pai leva um choque e passa por momentos engraçados durante os preparativos para o casamento.

Lançamento: *1995*
Capítulo(s) em que foi utilizado: *1.3 / 1.20 / 2.3*
Tempos (capítulos): *00:17:20 (1.3) / 01:08:47 (1.20) / 00:36:18 (2.3)*

Pai da noiva 2, O *(Father of the bride 2)*

Homem descobre ao mesmo tempo que será avô e pai novamente e tenta desesperadamente recuperar sua juventude.

Lançamento: *1995*
Capítulo(s) em que foi utilizado: *1.12 / 1.20*
Tempos (capítulos): *00:08:08 (1.12) / 01:00:18 (1.20)*

Pássaros, Os *(The birds)*

Uma mulher rica vai à procura de um rapaz em uma pequena cidade no noroeste da Califórnia, que é então atacada por pássaros.

Lançamento: *1963*
Capítulo(s) em que foi utilizado: *1.18*
Tempos (capítulos): *00:13:34*

Pecado original *(Original sin)*

Jovem passa a cometer diversas fraudes por causa de uma mulher que nunca o amou de verdade.

Lançamento: *2001*

Capítulo(s) em que foi utilizado: *2.4*

Tempos (capítulos): *01:49:48*

Piratas do Caribe: a maldição do Pérola Negra *(Pirates of the Caribbean: the curse of the Black Pearl)*

O ferreiro Will Smith e o capitão pirata Jack Sparrow se unem para salvar a filha do governador das garras de piratas rivais.

Lançamento: *2003*

Capítulo(s) em que foi utilizado: *1.16 / 2.1*

Tempos (capítulos): *00:13:40 (1.16) / 00:19:32 (2.1)*

Piratas do Caribe: o baú da morte *(Pirates of the Caribbean: dead man's chest)*

O capitão Jack Sparrow precisa recuperar o baú com o coração do pirata Davy Jones para evitar se tornar seu escravo por toda a eternidade.

Lançamento: *2006*

Capítulo(s) em que foi utilizado: *1.8 / 2.1*

Tempos (capítulos): *00:09:32 (1.8) / 01:31:23 (2.1)*

Possessão *(Possession)*

Dois amantes da literatura se apaixonam à medida em que desvendam um romance entre poetas da era vitoriana.

Lançamento: *2002*

Capítulo(s) em que foi utilizado: *1.16*

Tempos (capítulos): *00:24:01*

Procura-se um amor que goste de cachorros *(Must love dogs)*

As irmãs de Sarah colocam um anúncio sobre ela em um site de encontros com a condição de que o pretendente goste de cachorros, como ela, o que resulta em vários encontros.

Lançamento: *2005*

Capítulo(s) em que foi utilizado: *1.7 / 1.20 / 2.3 / 2.4*

Tempos (capítulos): *00:33:31 (1.7) / 00:23:58 (1.20) / 00:47:54 (2.3) / 00:03:04 (2.4)*

Proposta, A *(The proposal)*

Editora canadense teme ser deportada dos Estados Unidos e planeja casar-se com seu assistente.

Lançamento: *2009*

Capítulo(s) em que foi utilizado: *1.5 / 1.13 / 1.16 / 1.18 / 1.20 / 2.1 / 2.2 / 2.3*

Tempos (capítulos): *01:11:12 (1.5) / 00:34:24 (1.13) / 01:45:30 (1.16) / 00:18:35 (1.18) / 00:09:09 (1.20) / 01:16:41 (2.1) / 01:45:37 (2.2) / 01:39:29 (2.3)*

Psicose *(Psycho)*

Secretária rouba dinheiro para se casar, mas durante a fuga ela erra o caminho, acaba em um velho motel, desaparecendo em seguida.

Lançamento: *1960*

Capítulo(s) em que foi utilizado: *1.6*

Tempos (capítulos): *00:38:00*

Quarteto fantástico, O *(The fantastic 4)*

Um grupo de astronautas adquire superpoderes depois de ficar exposto à radiação.

Lançamento: *2005*

Capítulo(s) em que foi utilizado: *1.1*

Tempos (capítulos): *00:41:45*

Quarteto fantástico e o Surfista Prateado, O *(Fantastic 4: rise of the Silver Surfer)*

Os quatro super-heróis percebem que não são os únicos com superpoderes quando têm que enfrentar o Surfista Prateado e o comedor de galáxias Galactus.

Lançamento: *2007*

Capítulo(s) em que foi utilizado: *1.1 / 2.4*

Tempos (capítulos): *00:33:00*

Quase irmãos *(Step brothers)*

Dois homens maduros que ainda moram com os pais se veem forçados a dividir um quarto quando os pais se casam.

Lançamento: *2008*

Capítulo(s) em que foi utilizado: *1.1 / 1.11 / 2.4*

Tempos (capítulos): *01:11:19 (1.1) / 00:08:54 (1.11) / 00:43:52 (2.4)*

Quero ficar com Polly *(Along came Polly)*

Um cara certinho vê sua vida mudar quando se apaixona por uma ex-colega de ginásio.

Lançamento: *2004*

Capítulo(s) em que foi utilizado: *1.4 / 1.6 / 1.8 / 1.11 / 2.3*

Tempos (capítulos): *00:28:28 (1.4) / 00:42:02 (1.6) / 00:22:13 (1.8) / 01:04:03 (1.11, seção C, ex. 2) e 00:32:24 (1.11, seção C, ex. 6) / 01:06:35 (2.3)*

Quero ser grande *(Big)*

Um garoto faz um desejo em parque de diversões e acorda no corpo de um adulto.

Lançamento: *1988*
Capítulo(s) em que foi utilizado: *1.13*
Tempos (capítulos): *00:03:30*

Ratatouille *(Ratatouille)*

Rato cozinheiro se associa a um ajudante de cozinha e, depois de muita confusão, realiza seu sonho de ser chef *de um restaurante.*

Lançamento: *2007*
Capítulo(s) em que foi utilizado: *1.11*
Tempos (capítulos): *00:00:39*

Ratinha valente, A *(Secret of nimh)*

Ratinha pede ajuda de uma colônia de ratos superinteligentes para salvar seu filho.

Lançamento: *1982*
Capítulo(s) em que foi utilizado: *1.2*
Tempos (capítulos): *00:41:40*

Recém-chegada *(New in town)*

Executiva de Miami é enviada para uma cidadezinha na gelada Minnesota para reestruturar uma fábrica e passa por situações hilárias.

Lançamento: *2009*
Capítulo(s) em que foi utilizado: *2.1 / 2.3 / 2.4*
Tempos (capítulos): *01:08:42 (2.1) / 00:25:04 (2.3) / 00:21:38 (2.4)*

Rei leão, O *(The lion king)*

Leão é envolvido em artimanhas de seu tio e se exila em terras distantes.

Lançamento: *1994*
Capítulo(s) em que foi utilizado: *1.2*
Tempos (capítulos): *00:28:03*

Robôs *(Robots)*

Um aspirante a inventor viaja para conhecer seu ídolo.

Lançamento: *2005*
Capítulo(s) em que foi utilizado: *1.8 / 1.18 / 2.2*
Tempos (capítulos): *00:41:44 (1.8) / 00:15:38 (1.18) / 01:08:48 (2.2)*

Saga crepúsculo, A: eclipse *(Eclipse)*

Série de crimes em Seattle causa alarme em clã de vampiros. Ao ser protegida, jovem se vê forçada a decidir entre o amor de um vampiro e o de um lobisomem.

Lançamento: *2010*
Capítulo(s) em que foi utilizado: *2.4*
Tempos (capítulos): *00:02:03*

- **Saga crepúsculo, A: lua nova** *(New moon)*

  Edward e sua família decidem deixar a cidade, e Bella, desconsolada, acaba se aproximando de Jacob.

  Lançamento: *2009*
  Capítulo(s) em que foi utilizado: *1.6 / 1.8 / 1.9 / 1.10 / 1.19*
  Tempos (capítulos): *01:50:23 (1.6) / 00:41:20 (1.8) / 00:08:54 (1.9) / 00:29:05 (1.10) / 00:58:45 (1.19)*

- **Sahara** *(Sahara)*

  O explorador Dirk Pitt vai, com um colega de expedições e uma pesquisadora, para o oeste da África em busca de um navio de batalha da época da Guerra Civil chamado "navio da morte".

  Lançamento: *2005*
  Capítulo(s) em que foi utilizado: *1.20*
  Tempos (capítulos): *00:22:30*

- **Scooby-Doo 2: monstros à solta** *(Scooby-Doo: monsters unleashed)*

  Enquanto a gangue é homenageada durante a abertura do museu do crime de Coolsville, um vilão aparece para estragar a festa.

  Lançamento: *2004*
  Capítulo(s) em que foi utilizado: *1.2 / 1.4 / 2.1*
  Tempos (capítulos): *00:49:15 (1.2) / 01:24:47 (1.4) / 00:55:53 (2.1)*

- **Senhor dos anéis: a sociedade do anel, O** *(The lord of the rings: the felowship of the ring)*

  Um hobbit *se vê responsável por um anel antigo e parte para os confins do mundo para destruí-lo.*

  Lançamento: *2001*
  Capítulo(s) em que foi utilizado: *1.11 / 2.1 / 2.4*
  Tempos (capítulos): *01:00:50 (1.11) / 02:04:12 (2.1) / 00:13:45 (2.4)*

- **Senhor dos anéis: as duas torres, O** *(The lord of the rings: the two towers)*

  Os hobbits *Frodo e Sam dão continuidade à sua missão de destruir o anel.*

  Lançamento: *2002*
  Capítulo(s) em que foi utilizado: *1.6 / 1.14 / 2.2*
  Tempos (capítulos): *00:59:33 (1.6) / 00:13:22 (1.14) / 01:07:44 (2.2)*

- **Shrek** *(Shrek)*

  Um ogro quer ter seu pântano de volta e, para isso, precisa resgatar e levar uma princesa até um lorde ardiloso que deseja se tornar rei.

  Lançamento: *2001*
  Capítulo(s) em que foi utilizado: *3.4*
  Tempos (capítulos): *01:04:46*

Shrek 2 *(Shrek 2)*

Fiona e Shrek são convidados pelos pais de Fiona para um jantar em comemoração a seu casamento. Eles nem imaginam que os dois são ogros.

Lançamento: *2004*
Capítulo(s) em que foi utilizado: *1.11 / 2.3*
Tempos (capítulos): *00:17:27 (1.11) / 01:06:28 (2.3)*

Shrek terceiro *(Shrek the third)*

O rei adoece, e seus súditos querem que Shrek seja coroado rei. Desesperado, ele sai à procura de outro sucessor.

Lançamento: *2007*
Capítulo(s) em que foi utilizado: *1.7*
Tempos (capítulos): *00:27:21*

Silêncio dos inocentes, O *(Silence of the lambs)*

Uma agente do FBI busca a ajuda de um perigoso psicopata para encontrar um assassino serial.

Lançamento: *1991*
Capítulo(s) em que foi utilizado: *1.19*
Tempos (capítulos): *00:09:50*

Simplesmente amor *(Love actually)*

Retrata o relacionamento de oito casais durante o Natal, em Londres.

Lançamento: *2003*
Capítulo(s) em que foi utilizado: *1.16*
Tempos (capítulos): *00:31:43*

Simpsons, Os *(The Simpsons)*

1. *Depois de Bart assistir ao show de um motociclista destemido, ele passa a arriscar a vida em seu skate.*

Temporada/episódio: *2.08*
Primeira exibição na TV: *6/12/1990*
Capítulo(s) em que foi utilizado: *1.6*
Tempos (capítulos): *00:04:06*

2. *Depois que o cachorro Ajudante de Papai Noel destrói muitas coisas em casa, Homer avisa que ou ele completa o adestramento ou será expulso de casa.*

Temporada/episódio: *2.16*
Primeira exibição na TV: *7/3/1991*
Capítulo(s) em que foi utilizado: *2.2*
Tempos (capítulos): *00:09:05*

Sim senhor *(Yes man)*

Carl é convidado por um amigo para uma reunião de autoajuda, na qual ele aprende a dizer "sim" a tudo o que lhe pedirem ou oferecerem.

Lançamento: *2009*
Capítulo(s) em que foi utilizado: *1.19*
Tempos (capítulos): *00:24:10*

Sintonia de amor *(Sleepless in Seattle)*

O filho de um viúvo liga para uma rádio a fim de encontrar uma namorada para o pai.

Lançamento: *1993*
Capítulo(s) em que foi utilizado: *2.3*
Tempos (capítulos): *00:16:31*

Sobrenatural *(Supernatural)*

1. Dois irmãos partem em busca do pai desaparecido e enfrentam fatos sobrenaturais.

Temporada/episódio: *1.01*
Primeira exibição na TV: *13/9/2005*
Capítulo(s) em que foi utilizado: *1.3*
Tempos (capítulos): *00:07:31*

2. Os irmãos Winchester investigam um aparente suicídio e chegam à verdade ao encontrarem um rapaz com podereres telecinéticos.

Temporada/episódio: *1.14*
Primeira exibição na TV: *7/2/2006*
Capítulo(s) em que foi utilizado: *1.7*
Tempos (capítulos): *00:04:58*

3. Sam, Dean e Bobby enfrentam uma série de lendas urbanas que começam a acontecer no campus *de uma universidade.*

Temporada/episódio: *2.15*
Primeira exibição na TV: *15/2/2007*
Capítulo(s) em que foi utilizado: *1.19*
Tempos (capítulos): *00:21:10*

4. Sam vai em busca do pai enquanto Dean investiga o caso de casais que, nos últimos três anos, desapareceram sempre na segunda semana de abril, na cidade de Burkitsville.

Temporada/episódio: *1.11*
Primeira exibição na TV: *10/1/2006*
Capítulo(s) em que foi utilizado: *2.2*
Tempos (capítulos): *00:39:00*

5. *Sam e Dean investigam um hotel em Connecticut, onde acontecem mortes misteriosas.*

Temporada/episódio: *2.11*
Primeira exibição na TV: *18/1/2007*
Capítulo(s) em que foi utilizado: *2.3*
Tempos (capítulos): *00:36:08*

Surpresas do amor *(Four christmases)*

Um casal se desdobra para visitar os quatro pais divorciados no dia de Natal.

Lançamento: *2008*
Capítulo(s) em que foi utilizado: *2.2*
Tempos (capítulos): *01:08:53*

Sweeney Todd: o barbeiro demoníaco da rua Fleet *(Sweeney Todd: the demon barber of Fleet street)*

A história de um barbeiro que se estabelece em Londres e forma uma sociedade macabra com sua vizinha do andar de baixo.

Lançamento: *2007*
Capítulo(s) em que foi utilizado: *1.9*
Tempos (capítulos): *01:09:57*

Tá chovendo hambúrguer *(Cloudy with a chance of meatballs)*

As aventuras e desventuras de um jovem inventor, que faz chover comida ao invés de água.

Lançamento: *2009*
Capítulo(s) em que foi utilizado: *1.1 / 1.8 / 1.20*
Tempos (capítulos): *00:37:24 (1.1) / 00:23:24 (1.8) / 01:19:58 (1.20)*

Tal mãe, tal filha *(Gilmore girls)*

1. *Rory briga com Dean por causa de um programa de TV cuja história tem como personagem central uma dona de casa perfeita dos anos 1950.*

Temporada/episódio: *1.14*
Primeira exibição na TV: *22/2/2001*
Capítulo(s) em que foi utilizado: *1.1*
Tempos (capítulos): *00:04:00*

2. *Rory vai jogar golfe com o avô, e todos estão estressados na pousada de Lorelai por causa de um casamento.*

Temporada/episódio: *1.03*
Primeira exibição na TV: *19/10/2000*
Capítulo(s) em que foi utilizado: *1.4*
Tempos (capítulos): *00:20:42*

3. Rory, Lorelai e os namorados decidem passar o Dia dos Namorados juntos.

Temporada/episódio: *6.15*

Primeira exibição na TV: *14/2/2006*

Capítulo(s) em que foi utilizado: *1.7*

Tempos (capítulos): *00:24:50*

4. Emily ajuda Rory e Lorelai quando Christopher tenta falar com elas, e Lorelai talvez esteja namorando Kirk.

Temporada/episódio: *3.02*

Primeira exibição na TV: *1º/10/2002*

Capítulo(s) em que foi utilizado: *1.7*

Tempos (capítulos): *00:02:00*

5. Lorelai ajuda a Sra. Kim a se acertar com Lane, e Rory se vê em uma fria no encontro que sua avó arrumou para ela.

Temporada/episódio: *4.21*

Primeira exibição na TV: *11/5/2004*

Capítulo(s) em que foi utilizado: *1.13*

Tempos (capítulos): *00:11:34*

6. A festa temática de Rory é um sucesso, mas acaba mal quando Richard confronta Hutzberger.

Temporada/episódio: *6.05*

Primeira exibição na TV: *11/10/2005*

Capítulo(s) em que foi utilizado: *1.13*

Tempos (capítulos): *00:41:48*

7. O nascimento do bebê de Liz dá origem a um festival de tricô na cidade.

Temporada/episódio: *7.09*

Primeira exibição na TV: *28/11/2006*

Capítulo(s) em que foi utilizado: *1.17*

Tempos (capítulos): *00:15:20*

8. Luke e Lorelai comemoram a publicação de um artigo, e o bebê da Sookie nasce.

Temporada/episódio: *5.21*

Primeira exibição na TV: *10/5/2005*

Capítulo(s) em que foi utilizado: *1.18*

Tempos (capítulos): *00:36:18*

9. Lorelai vai à Nova Iorque com Alex, Sookie e Jackson, e Jess arruma confusão no jantar de sexta à noite.

Temporada/episódio: *3.14*

Primeira exibição na TV: *11/2/2003*

Capítulo(s) em que foi utilizado: *2.1*

Tempos (capítulos): *00:16:14*

10. Dean beija Rory pela primeira vez, e, apesar de ela ser o assunto da cidade, Lorelai vai ser a última a saber.

Temporada/episódio: *1.07*

Primeira exibição na TV: *16/11/2000*

Capítulo(s) em que foi utilizado: *2.2 / 2.4*

Tempos (capítulos): *00:37:00 (2.2) / 00:36:31 (2.4)*

11. Rory recebe o formulário para se candidatar a Harvard, e Dean se preocupa com o futuro da relação.

Temporada/episódio: *3.03*

Primeira exibição na TV: *8/10/2002*

Capítulo(s) em que foi utilizado: *2.2*

Tempos (capítulos): *00:38:56*

12. Sookie faz um bolo para encorajar Lorelai a marcar a data do casamento.

Temporada/episódio: *6.03*

Primeira exibição na TV: *27/11/2005*

Capítulo(s) em que foi utilizado: *2.2*

Tempos (capítulos): *00:39:52 (at. 3b) / 00:40:00 (at. 4, ex.) / 00:39:52 (at. 4e)*

Titanic *(Titanic)*

Dois jovens de classes sociais diferentes se apaixonam durante a fracassada viagem inaugural do transatlântico Titanic.

Lançamento: *1997*

Capítulo(s) em que foi utilizado: *2.3*

Tempos (capítulos): *02:14:51*

Todo mundo em pânico 3 *(Scary movie 3)*

Mulher investiga círculos em plantações e videoteipes misteriosos e ajuda o presidente a evitar uma invasão alienígena.

Lançamento: *2003*

Capítulo(s) em que foi utilizado: *1.17*

Tempos (capítulos): *00:13:34*

Toy story *(Toy story)*

Brinquedos que ganham vida têm medo de serem esquecidos com a chegada do aniversário de seu dono.

Lançamento: *1995*
Capítulo(s) em que foi utilizado: *1.2 / 1.14 / 1.17*
Tempos (capítulos): *01:12:16 (1.2, seção C) / 00:17:21 (1.2 at.1f) / 00:24:34 (1.14) / 00:16:12 (1.17, seção A, ex. 1) / 00:28:37 (1.17, seção A, ex. 4)*

Tudo por uma esmeralda *(Romancing the stone)*

Escritora tenta ajudar irmã sequestrada, levando mapa com localização de um tesouro.

Lançamento: *1984*
Capítulo(s) em que foi utilizado: *1.6*
Tempos (capítulos): *01:42:21*

Tudo que uma garota quer *(What a girl wants)*

Uma jovem descobre que seu pai é um influente político inglês e vai à Inglaterra conhecê-lo.

Lançamento: *2003*
Capítulo(s) em que foi utilizado: *1.15 / 2.1 / 2.2*
Tempos (capítulos): *1:12:55 (1.15, seção A, ex. 6) / 00:21:19 (1.15, seção A, ex. 7) / 01:08:30 (2.1) / 01:27:20 (2.2)*

Up: altas aventuras *(Up)*

As aventuras de um velhinho que, finalmente, realiza o sonho de sua vida.

Lançamento: *2009*
Capítulo(s) em que foi utilizado: *1.15 / 2.1*
Tempos (capítulos): *1:27:24 (1.15) / 00:18:45 (2.1)*

Valiant: um herói que vale a pena *(Valiant)*

O pombo Valiant quer se tornar um herói e se alista como pombo-correio do exército inglês durante a Segunda Guerra Mundial.

Lançamento: *2005*
Capítulo(s) em que foi utilizado: *1.16*
Tempos (capítulos): *00:24:00*

Valmont: uma história de seduções *(Valmont)*

Uma viúva e seu amante apostam que conseguem corromper uma jovem esposa. Se ele ganhar a aposta, ela fará o que ele quiser. Ele só não contava que iria se apaixonar de verdade.

Lançamento: *1989*
Capítulo(s) em que foi utilizado: *1.4*
Tempos (capítulos): *00:34:05*

X-men origens: Wolverine *(X-men origins: Wolverine)*

Em busca de vingança pela morte de sua namorada, Logan passa pelo programa de mutantes Weapon X e se torna Wolverine.

Lançamento: *2009*
Capítulo(s) em que foi utilizado: *1.2*
Tempos (capítulos): *00:18:50*

Para exemplos de resumos e sinopses em inglês, consulte: http://www.imdb.com

Este livro foi composto com as fontes Myriad Pro e Cronos Pro, impresso em off-set 90g/m² no miolo e cartão supremo 250g/m² na capa, nas oficinas da Intergraf Indústria Gráfica Eireli, em dezembro de 2014.